LICHTSCHLAG 37

LICHTSCHLAG 37
© Natalia Lichtschlag Buchverlag Grevenbroich 2016
Alle Rechte vorbehalten.
Umschlag: Lichtschlag Medien Düsseldorf
Printed in Germany.

ISBN: 978-3-939562-57-3

MANIFEST DER NEUEN LIBERTÄREN

Und die Geschichte der Bewegung in den USA

Samuel Edward Konkin III

Übersetzt ins Deutsche von Unbekannt (Manifest)
und Axel B.C. Krauss (Geschichte und Rede)

Mit einem Vorwort von Stefan Blankertz

Inhaltsverzeichnis

Teil 1: Vorworte

Vorwort zur deutschen Ausgabe 2016 von Stefan Blankertz

Das Manifest der neuen Libertären von Samuel Edward Konkin III – nicht mehr ganz neu, aber heute notwendiger denn je

„Nahezu alles Handeln wird reguliert, besteuert, verboten oder subventioniert. Darum leistet jeder Widerstand in dem Maße, dass er in einer Gesellschaft überlebt, in der Gesetze alles kontrollieren und widersprüchliche Anweisungen geben. Jedes (freiwillige) menschliche Handeln, das unter Absehung des Staates begangen wird, begründet die Gegen-Ökonomie." Samuel Edward Konkin III, Mitte der 1980er Jahre.[1]

Die Notwendigkeit des neuen libertären Manifests – damals und heute

Schon als „The New Libertarian Manifesto" 1980 erschien, war es nicht mehr neu. Ursprünglich hatte es bereits 1975 erscheinen sollen. Das Erscheinungsdatum des „Manifests der neuen Libertären", obwohl fünf Jahre später als geplant, ist gleichwohl bedeutsam.

1980 fand die sogenannte „Reagan-Revolution“ statt. Ronald Reagan war der erste republikanische Präsidentschaftskandidat seit Barry Goldwater (1909-1998) 1964, der Staatsabbau auf dem Programm stehen hatte. Die Zeit dafür schien reif. In England regierte seit 1979 die „Eiserne Lady“ Margaret Thatcher (1925-2013). Überall in der westlichen Welt schienen die Wähler und zumindest Teile der politischen Klasse der bis dahin seit den 1960er Jahren vorherrschenden Sozialdemokratie überdrüssig zu sein. Im Lager der US-amerikanischen Konservativen und „alten (anti-autoritären) Rechten“[2] machte sich eine gewisse Hoffnung breit, die traditionellen Werte der Amerikanischen Revolution wiederbeleben und sich erneut einen größeren Freiraum der Bürger gegenüber dem Staat verschaffen zu können. Zur „Old American Right“ zählten immerhin so explizite Anarchisten wie Albert Jay Nock (1870-1945), den Konkin mit seinem sloganhaften Buchtitel „Our Enemy, the State“ (1935) auch im vorliegenden „Manifest“ zu Beginn zitiert. So radikal war niemand im Umfeld von Ronald Reagan, dennoch erfüllte es viele mit Hoffnung, dass jemand Prominentes überhaupt wieder wertschätzend von „Markt“ und „Kapitalismus“ sprach.

Doch Samuel Edward Konkin III gab sich keinen Illusionen hin. Dafür hatte er zwei Gründe. Der erste Grund lag darin, dass er eine Einsicht in das Wesen und die Funktionsweise des Staates hatte.

Der Staat ist das Instrument der herrschenden Klasse, die sich mit diesem Instrument Vorteile auf Kosten der übrigen Bevölkerung verschafft, meist ökonomische Vorteile. Sie trachtet nicht danach, das Instrument in seiner

Wirksamkeit zu begrenzen, sondern zu stabilisieren und auszubauen. Für eine solche Stabilisierung kann es nützlich sein, das Instrument zu verfeinern, ja, es kann nützlich sein, sich scheinbar und vorübergehend ein wenig zurückzuziehen, entweder weil die Staatstätigkeit zu dysfunktionalen Effekten geführt hat oder weil es eine verbreitete anti-bürokratische Strömung in der Bevölkerung aufzufangen gilt.

In der Tat zeigte sich bald, was es mit der „Reagan-Revolution“ auf sich hatte. Durch ein wahnwitziges und friedensgefährdendes Aufrüstungsprogramm verursachte der Präsident, der als Kandidat einen ausgeglichenen Staatshaushalt versprochen hatte, das größte Haushaltsdefizit, das es bis dahin gegeben hatte. Heute behaupten manche, es sei Reagans Aufrüstungsprogramm gewesen, das die UdSSR in die Knie gezwungen habe; insofern sei es nachträglich gerechtfertigt und keineswegs friedensgefährdend, sondern im Gegenteil freiheitsfördernd gewesen.[3] Diese Version nehmen, mit umgekehrter Bewertung, die inzwischen wiedererwachten Verteidiger des Staatskommunismus gern auf und behaupten, die UdSSR hätten imperialistische Machenschaften zu Fall gebracht, nicht innere Probleme der staatlich gelenkten Wirtschaft. In Wahrheit war die UdSSR aufgrund ihrer Staatshandelswirtschaft marode. Nach fast zehn Jahren Krieg in Afghanistan, wo sich die Paschtunen partout nicht durch die hochgerüstete Supermacht unterkriegen lassen wollten, war die UdSSR dann ökonomisch am Ende. Der Widerstand der Afghanen, der einen Blutzoll von einer Million Toten kostete, hat die Welt vom Staatskommunismus befreit.[4] Innenpolitisch setzte Reagan eine, freilich von seinem Vorgänger Jimmy Carter bereits geplante, Registrierungspflicht für junge Männer gegen massiven Widerstand durch, um künftig eine eventuelle Einberufung zum Kriegsdienst administrativ reibungsloser durchführen zu können. Privatisierungen von staatlichen Dienstleistungen ging man halbherzig an und zum Vorteil von staatsnahen Konzernen oder anderen Günstlingen; teilweise wurden die privatisierten Unternehmen wie zum Beispiel im Bereich der Energieversorgung solchen bürokratischen Regularien unterworfen, die einen sinnvollen Betrieb unmöglich machten und zu Problemen führten, die linke und rechte Etatisten dann der Privatisierung und „dem Markt" anlasten konnten. Schließlich kam es unter Reagan zu einer Verschärfung des von Präsident Richard Nixon 1971 ausgerufenen „Kriegs gegen die Drogen", einer Verschärfung, die dazu führte, dass es in den USA bis heute die (zweit-) höchste Gefangenenrate weltweit gibt.[5]

David Stockman, von 1981 bis 1985 Finanzminister unter Ronald Reagan, beschreibt in seinem Buch „Der Triumph der Politik" die Tragik der Reagan-Administration.[6] Das Buch von Stockman ist auch darum so überzeugend, weil Stockman, obwohl er sich nach vier Jahren enttäuscht von Reagan abwendete, nicht etwa radikale Positionen bezieht, sondern ziemlich naiv beschreibt, wie zwischen den Interessen von Politikern und Lobbyisten kein Platz für echte Veränderungen sich auftut. Eine Episode scheint mir besonders bezeichnend zu sein und den Charakter des Staates präzise wiederzugeben. Während des Wahlkampfes hatte Reagan stets die Abschaffung des erst 1977 unter Präsident Jimmy Carter eingerichteten Energieministeriums angekündigt, falls er zum Präsidenten gewählt werden würde.[7] Nach dem Wahlsieg ließ der neu gewählte Präsident Reagan bei Stockman fragen, ob er an dem Posten des Energieministers interessiert sei. „Meine Absage“, schreibt Stockman merkwürdigerweise, „hatte nichts damit zu tun, dass Reagan im Wahlkampf versprochen hatte, das Energieministerium aufzulösen“.[8] Merkwürdig daran ist, dass Stockman selbst nach dem Bruch mit der Reagan-Administration in diesem sich offensichtlich bereits derart früh anbahnenden Wahlbetrug keinen Skandal erblicken kann. Dagegen wunderte ihn überhaupt nicht, dass der dann ernannte Energieminister James Edwards nicht nur keine Anstalten machte, sein eigenes Ministerium abzuschaffen, sondern auch bei der Aufhebung von Regulierungen im Energiemarkt und der Senkung von Subventionen gehörig auf die Bremse drückte.[9] Stockman fragt sich nicht, wie er denn gehandelt hätte, hätte er dem Angebot zugestimmt, dieses Ministerium zu übernehmen. Dass er anders gehandelt hätte als James Edwards, ist wenig plausibel. Ich weiß noch, wie schockiert ich war, als der von mir hoch geschätzte libertäre Historiker und Weggefährte von Murray Rothbard Leonard Liggio (1933-2014) auf einer Konferenz 1985 in Beitostølen bei Oslo[10] die Interpretation vorbrachte, Ronald Reagan sei als einziger Politiker, weil vom ganzen Volk gewählt, ehrlich an Staatsabbau interessiert; er würde als einziger Politiker den „Willen des ganzen Volkes“ widerspiegeln, allerdings gehindert durch nur einer partikularen Wählerschaft verpflichtete Kongressabgeordneten.[11] Da fiel mir nur der alte Glaube der russischen Bauern ein, der gute Zar würde, wenn er von ihrem schlimmen Joch unter den Feudalherrn wüsste, ihnen sofort zur Hilfe eilen. Zumindest bliebe wahr, dass Zar Ronald so naiv war, den politischen Prozess als Instrument zur Veränderung der Welt zum Besseren zu wählen.

Samuel Edward Konkin III konnte diese Entwicklung der „Reagan-Revolution“ weder schocken noch überraschen. Mit Hilfe der anarchistischen Staatstheorie lässt sie sich präzise analysieren. „Nehmt den radikalsten Revolutionär und setzt ihn auf den Thron aller Russen oder verleiht ihm eine diktatorische Macht [...], und ehe ein Jahr vergeht, wird er schlimmer als der Zar selbst geworden sein“, schrieb Michael Bakunin 1870;[12] der Satz hätte von Konkin genau so 1980 formuliert werden können, Konkin hätte nur den „Thron aller Russen“ durch „Präsidentenstuhl im Weißen Haus“ ersetzen müssen. Der historische Rückblick gibt Konkin gegenüber Liggio recht: Die Reagan-„Revolution“ war nicht der Auftakt für radikalere Forderungen, wie Liggio noch 1985 hoffte, sondern der für den weltweiten Hass auf den „Neoliberalismus“, der dann von interessierten Seiten mit dem Libertarismus gleichgesetzt wurde.

Konkin hatte darüber hinaus einen zweiten Grund, um sich nicht von der Euphorie um Ronald Reagan anstecken zu lassen, und das ist seine Einsicht in das Wesen und den Ablauf einer Revolution: Die Veränderung einer sozialen Struktur beginnt nicht mit dem Austausch der sie befehligenden Elite. Das Wahlvolk, das die Heilung der sozialen Gebrechen durch einen Präsidenten erhofft, mithin von dem Haupt eben des Staates, der die Ursache der Gebrechen ist, klebt am System und ist gerade nicht für eine Revolution bereit. Die Veränderung, die wirklich die Emanzipation des Bürgers vom Staat erwirkt, muss damit beginnen, dass die Bürger gerade nicht sich zum Stimmvieh machen lassen, sondern ihre Angelegenheiten in die eigenen Hände nehmen.

Dieses „die Angelegenheiten in die eigenen Hände nehmen" darf dann freilich laut Konkins libertärer Überzeugung nicht (wie bei den staatsfixierten Linken) wiederum die gewaltsam-staatliche Struktur haben, sondern muss auf freiwilliger Kooperation basieren. Dafür prägte Konkin den Begriff „Agorismus", abgeleitet von dem griechischen Wort für Marktplatz, auf dem im antiken Griechenland, wohlgemerkt, auch die gemeinsamen sozialen Angelegenheiten geregelt und nicht nur Geschäfte abgeschlossen wurden. Der Begriff „Agorismus" erinnert daran, dass die Reduzierung des Marktplatzes auf die Marktwirtschaft bereits ein Einknicken der Idee der freien Kooperation vor dem Staat bedeutet.

Hatte Murray Rothbard noch, wenn auch nicht ganz ernst gemeint, auf einen „Knopf" gehofft, der, wenn man ihn drückt, den Staat verschwinden lässt,[13] war sich Konkin schon darüber bewusst, dass die an den Staat gewöhnten Bürger in solch einem Fall hilflos dastehen würden. Sie müssen zunächst beginnen, Handel ohne staatliche Einmischung zu treiben, untereinander Konflikte ohne staatliche Justiz zu lösen und so weiter, und erst dann werden sie bereit und in der Lage sein, den Staat zur Hölle zu schicken.

Die historische Situation, in der die libertäre Bewegung drohte, sich von der Idee eines sozialen Wandels zu verabschieden, und vor allem auf politische Veränderungen setzte, veranlasste Konkin, die „Bewegung der libertären Linken“ (Movement of the Libertarian Left, MLL) ins Leben zu rufen. Deren Gründungsdokument sollte das vorliegende „Manifest der neuen Libertären“ werden. Während in den 1960er und 1970er Jahren die Libertären den „anti-autoritären“ Linken erklären mussten, dass es auf der amerikanischen Rechten eine ebensolche, nein, eine viel konsequentere „anti-autoritäre“ Haltung gegeben habe, von der die Linken viel lernen konnten, stand nach Konkins Auffassung nun auf der Tagesordnung, klar zu machen, dass der Libertarismus gegen das politische Establishment steht, auch wenn dies durch scheinbar freiheitsfreundlichere „rechte“ Politiker ersetzt wird. Für diese Haltung und für nichts anderes steht das Wort „links“ in der „Bewegung der libertären Linken“. Ob es klug ist, sich auf solch eine Weise innerhalb des untauglichen Rechts-links-Schemas zu verorten, können wir uns zwar fragen, aber von den Intentionen von Konkin macht eine Antwort keine Abstriche, die die Frage verneint.

Auch insofern war Konkins Analyse von damals weitsichtig, als in der Folge der „Reagan-Revolution“ und der weltweiten Wendung zu einem rechten Neoliberalismus weite Teile der libertären Bewegung partiell ihren Frieden mit dem Staat im Allgemeinen und der Demokratie im Besonderen machten. In dem Maße, in dem rechte oder konservative Themen wieder mehrheitsfähig wurden, insistierten die Kräfte, die die etablierten Medien heute summarisch als „Rechtspopulisten“ bezeichnen, immer stärker auf plebiszitäre, basis-, gar volksdemokratische Elemente (insofern ist die Kennzeichnung als „Populisten“ gar nicht falsch, aber für selbsternannte Demokraten höchst verräterisch, denn hecheln sie nicht alle dem Mob hinterher?). Wütend wird eingefordert, den „Volkswillen“ politisch umzusetzen, wenn eine faktische kleine Minderheit in einer Wahl die vermeintliche Mehrheit errungen hat. Das heißt, die siegestrunkene Rechte bedient sich nun genau der Mittel, mit denen die Linke an die Macht gekommen ist.

Ein Beispiel: Als in der Schweiz die Volksinitiative „Für die Ausschaffung krimineller Ausländer (Ausschaffungsinitiative)“ gegen Ende 2010 angenommen wurde, entdeckte die deutsche Rechte ihre Liebe zur direkten Demokratie, die seit den 1960er Jahren eher ein Anliegen der linken Seite war. Seit der Annahme der Ausschaffungsinitiative wurde deren Umsetzung durch die Legislative allerdings immer wieder verschleppt. Nicht besser erging es der Volksinitiative „Gegen Masseneinwanderung“, die Anfang 2014 angenommen wurde. Die Initiatoren riefen zornentbrannt dazu auf, Volksentscheide konsequent umzusetzen. Ob sie genau das gleiche Engagement aufbringen, wenn die Umsetzung eines politisch links verorteten Projekts behindert wird (wie etwa die Einführung eines bedingungslosen Grundeinkommens), sei bloß ein Zweifel am Rande. „Parlamentariern und dem Bundesrat“, so lautete eine Presseerklärung, solle „in Erinnerung“ gerufen werden, „wer der Chef im Lande ist: Nämlich das Volk!“

„Volk“, das hört sich groß und harmonisch an. Die Initiativen sind mit einer Differenz von kaum sechs beziehungsweise. weniger als einem Prozent entschieden worden. Das „Volk“ schrumpft aber noch weiter zusammen. Die Beteiligung an den Initiativen lag jeweils nur knapp über 50 Prozent. Die Zustimmung beläuft sich demnach auf kaum mehr als ein Viertel der Wahlberechtigten. Nichtwähler werden üblicherweise der Mehrheit zugeschlagen. Das ist ein Trick, denn man könnte sie genauso gut zur Gegenseite rechnen.[14] Wenn jemand die Wahl zwischen zwei Produkten hat und sich für keines entscheidet, wird er nicht gezwungen, das zu erwerben, wofür eine Mehrheit votiert. In jedem anderen gesellschaftlichen Verhältnis zählt die aktive Zustimmung, nur in der Politik wird der Indifferente gezwungen, zu kaufen, was die anderen ihm vorschreiben. Demokratie hat mit Freiheit nichts zu tun, sondern ist ein Herrschaftssystem.

Regional gesehen gab es sechs beziehungsweise neun Kantone, die sich anders als die Gesamtschweiz entschieden haben. Auch hier erhebt sich die Frage, woher die Kantone, in denen die Initiativen angenommen wurden, das Recht nehmen, die ablehnenden Kantone den eigenen Regeln zu unterwerfen.[15] Der einzige mir bekannte Versuch einer Antwort wird zwar allgemein unbefragt akzeptiert, stellt sich aber genauer betrachtet als rechtsphilosophischer Slapstick heraus, die Antwort nämlich, schließlich müsse in einem Land ein homogenes Recht herrschen. Der Umstand, dass ein Sachzwang zu homogenem Recht sich auf historisch zufällige Grenzen bezieht, klingt allerdings fragwürdig. Die Staaten der Erde sind groß oder klein, teilweise sehr klein, und in jedem Staat gibt es ein eigenes Recht. Wenn die Europäische Union sich dereinst zu den Vereinigten Staaten von Europa oder zur Europäischen Union der Sozialistischen Sowjetrepubliken entwickelt haben wird, gibt es auf diesem Gebiet einen „Sachzwang“ zu einem homogenen Recht, der vorher Jahrhunderte lang nicht in Kraft war. Wenn umgekehrt Schottland aus Großbritannien ausbricht oder Katalonien sich von Spanien abspaltet, hört der Sachzwang zum homogenen Recht im heutigen Großbritannien respektive im heutigen Spanien auf. Dieser Sachzwang ist kein objektiver des Zusammenlebens, sondern einzig und allein orientiert an einer zufälligen Staatsgrenze.

Ist es also wirklich erstrebenswert, dass sich der Volkswille in solch einem zufällig umgrenzten Gebiet durchsetzt? Wenn wir das Wort „Volkswille“ entmystifizieren, bedeutet es in Wirklichkeit, dass ein Teil des Volkes gegen einen anderen Teil des Volkes obsiegt, es sei denn, es läge Einstimmigkeit vor. Für die Unterlegenen ist es kaum tröstlicher, dass in direkter Abstimmung das vielzitierte Pack über sie befindet, als wenn es ein einzelner Monarch oder Diktator wäre. Das Klima von Unduldsamkeit kann nach dem Sieg des angeblich ganzen und geeinigten Volkes sogar unheimlicher und bedrohlicher werden. Diktatoren wie Stalin, Hitler und Mao haben sich bei ihren schlimmsten Eskapaden immer gern auf massendemokratische Verfahren gestützt.

Denn eine demokratische Mehrheit ist nicht einfach „das Volk“. Kein Volk besteht natürlicherweise aus Mehrheit und Minderheit. Es setzt sich zusammen aus

Individuen und sozialen Gruppen, die gemeinsame Interessen, kulturelle Hintergründe und dergleichen verbinden. Ob Bäcker, Kaninchenzüchter, Fließbandarbeiter, Gläubige einer bestimmten Konfession, Lyrikliebhaber oder welche Gruppe auch immer: Selten stellt eine per se die Mehrheit. Mehrheiten werden vielmehr im demokratischen Verfahren produziert. Da spielt der Gruppendruck eine Rolle, vor allem aber die Angst, dass es einem Nachteile bringen wird, wenn die Gegenseite „ans Ruder kommt".

Doch selbst wenn es in einer bestimmten Frage eine natürliche Mehrheit in einer Gegend oder in einem ganzen Land gibt, etwa ein dominantes religiöses Bekenntnis, ist nicht einzusehen, warum diese Mehrheit ein Recht haben sollte, die Minderheit unter ihre Gesetze zu zwingen. Dies wird schnell klar, wenn wir ein Land mit etwa einer muslimischen Mehrheit betrachten. Zweifellos kann solch eine Mehrheit zum Beispiel für die Scharia als für alle gültige Rechtsgrundlage votieren. Aber sollten wir das als ihr Recht betrachten? Als Volkswille, der sich berechtigterweise per direkter Demokratie durchsetzen solle?

Ein wesentliches Problem der Demokratie besteht darin, dass stets abgestimmt wird von Nichtbetroffenen über Betroffene. Die Freiheit braucht etwas Besseres als Demokratie. Das ist nach Konkin: Agorismus.

Und die libertäre Bewegung braucht das Manifest von Konkin aus dem Jahr 1980 heute mehr denn je. In gewisser Weise war der Zeitpunkt seiner Publikation nicht verspätet, sondern verfrüht. Denn die Strategie von Konkins

Agorismus[16] ist nach meiner Einschätzung die Zukunft der libertären Bewegung.

Samuel Edward Konkin III – kurz: „SEK3“

Samuel Edward Konkin III gehört zu denen, die den Slogan der US-amerikanischen Libertären „jenseits von rechts und links“ besonders authentisch verkörpern, obwohl er sich seit 1980, wie gesagt, eindeutig als „links“ positionierte.

Über SEK3s Leben ist nicht wirklich viel bekannt. Das sonst so auskunftsfreudige Internet spuckt nur wenig aus.[17] Dies mag daran liegen, dass, wie Jeff Riggenbach schreibt, das Feuer der Militanz bei SEK3 bereits in den 1990er Jahren zu verlöschen begann und er dementsprechend nur geringe Internet-Aktivitäten entfaltete.

Darüber hinaus kann es den Grund haben, dass SEK3 kein einfacher Zeitgenosse war. 1984, als ich schon einige Artikel von SEK3 und der von ihm promoteten individualistischen Feministin Wendy McElroy mit Begeisterung gelesen hatte, nahm ich an der Konferenz der Libertarian International in London teil. Ein „minarchistischer“ Professor[18] erzählte, SEK3 habe ihm einen Brief geschrieben, in dem er ihn scharf kritisiert, weil er vom Staat Geld (sein Gehalt) nehme. „Und den Brief hat er mir mit der Post zustellen lassen“, trumpfte der Kritisierte auf. Die Post ist damals wie heute in den USA ein staatliches Monopol.[19] Dass der Staat seine Finger in nahezu jedem Handeln hat, wusste SEK3 genau, wie das Eingangszitat beweist. Dennoch war ihm ein moralischer Rigorismus eigen, der mich fatal an Robespierres Tugendterror erinnert. In seinen

Zeitschriften bot SEK3 zwar jeder libertären Strömung die Möglichkeit, sich zu äußern – sein Slogan lautete „Everyone appearing in this publication disagrees!" –, aber seine Kritik an abweichenden Meinungen war alles andere als zartfühlend. Damit hat er viele verletzt und sich keine Freunde gemacht.

Schließlich will ich einen möglichen weiteren Grund für die Stille um SEK3 nicht verschweigen. Angeregt durch seine enge Verbundenheit mit dem individual-anarchistischen und revisionistischen Historiker James J. Martin (1916-2004) hat sich SEK3 für das Institute for Historical Review (IHR) eingesetzt. Das IHR vertritt – auch heute noch – einen Geschichtsrevisionismus, der den Holocaust mit einbezieht. Es ist nicht eindeutig, inwieweit sich SEK3 mit den Thesen des Holocaustrevisionismus identifiziert hat; jedenfalls trat er konsequenterweise gegen jede staatliche Zensurmaßnahme ein. Und an dieser Stelle reagiert der Mechanismus der Ausgrenzung durch die liberale Pseudotoleranz gnadenlos.

Wie dem auch sei: Agorismus als Idee scheint eine Renaissance zu erleben. Vom „New Libertarian Manifesto" etwa gibt es neben dem englischen Original die vorliegende deutsche Version sowie weitere Übersetzungen ins Französische, Polnische, Portugiesische, Russische und Spanische.

Samuel Edward Konkin III wurde 1947 in Saskatchewan, Kanada, geboren. Als Student der Chemie engagierte er sich für eine etatistische, geldreformerische (Inflation befürwortende) Bewegung. 1968 entdeckte er den Sciencefiction-Roman „The Moon Is a Harsh Mistress" von Robert A. Heinlein.[20] Der Roman beschreibt eine libertäre Revolte von Siedlern auf dem Mond gegen ihre terrestrischen Herrscher. SEK3 stellte seine bisherigen etatistischen Überzeugungen in Frage und entwickelte sich schnell zu einem Libertären. Nun war er von der Aussicht, mit seinem Wissen als Chemiker dereinst in der Rüstungsindustrie zu landen, nicht mehr angetan. Er floh in die USA, wo er sich der konservativen Jugendorganisation Young Americans for Freedom anschloss. Im August 1969 nahm er als Delegierter an der legendären Versammlung in St. Louis, Missouri, teil. Im Verlauf dieser turbulenten Delegiertenversammlung wurde der libertäre (anti-autoritäre) Flügel, zu dem auch Konkin gehörte, ausgeschlossen. Einige Monate vorher waren auf der Delegiertenversammlung der linken Students for a Democratic Society (S.D.S.) in Chicago ebenfalls die libertären Anti-Autoritären ausgeschlossen worden. Diesen doppelten Ausschluss der Freiheitsidee auf der linken wie der rechten Seite der etablierten Politik kann man als die Geburtsstunde der modernen US-amerikanischen libertären Bewegung „jenseits von rechts und links" ansehen.

SEK3 lernte libertäre Aktivisten und Theoretiker kennen, zum Beispiel Murray Rothbard (1926-1995), Karl Hess (1923-1994), den ehemaligen Redenschreiber von Barry Goldwater, sowie Robert Levre (1911-1986), einen pazifistischen Anarchisten, der ursprünglich aus der Ecke der religiösen Rechten stammte, und wurde zu einem militanten Aktivisten. Seine Leidenschaft für Sciencefiction behielt er bei, und er inspirierte erfolgreiche Autoren, etwa J. Neil Schulman und Victor Koman. Wie Karl Hess bezeichnete sich SEK3, desillusioniert von der etatistischen Verhaftung der Rechten, zunehmend als „linksradikal". Rothbard dagegen versuchte sich nach einem kurzen Ausflug in die „linken" Sphären während der End-1960er und beginnenden 1970er Jahre an einer Wiederbelebung der „alten amerikanischen Rechten".

Wichtigster Punkt für SEK3 war seine Zurückweisung politischer Veränderungsstrategien. Die 1971 gegründete Libertarian Party lehnte er strikt ab und bezeichnete deren Vertreter als „Partyarchen". 1985 kam es zu einer denkwürdigen Konfrontation mit Ed Crane auf der Konferenz der Libertarian International in Beitostølen, Norwegen, an der auch ich teilnahm. Ed Crane besetzte zeitweise hohe Positionen in der Libertarian Party und beriet verschiedene Präsidentschaftskandidaten der Partei bei Wahlen. Er hatte (ursprünglich zusammen mit Murray Rothbard) das Cato Institute gegründet, das er von 1977 bis 2012 leitete.[21] SEK3 entwickelte einen Gedanken, mit dem er mich elektrisierte: „Was macht die herrschende Klasse, wenn eine libertäre Revolution droht? Antwort: Sie übergibt einer libertären Partei die Macht, um die Gefahr einer Revolution abzuwenden."[22] Solange Libertäre nicht stark genug sind, ihre Positionen durchzusetzen, führt es zu keinem Unterschied im Ergebnis, welche Partei sie wählen. Wenn sie aber stark genug sind, können sie andere Mittel als die der Wahl einsetzen. Lassen sie sich auf die Wahl ein, macht sie das zum Teil des Systems. Nicht nur mich elektrisierte der Gedanke. Es waren auch einige junge Mitglieder des libertären Flügels der norwegischen Fortschrittspartei anwesend, zusammen mit Carl I. Hagen, dem Parteiführer von 1978 bis 2006, der damals für libertäre Ideen eine gewisse Offenheit zeigte. Heute wird die Fortschrittspartei zum „Rechtspopulismus" gezählt (sie hat ihre libertären Verkleidungen schnell wieder abgelegt; heute ist sie nur noch Mainstream). Hagen war nicht erfreut, zu sehen, wie sehr Konkin „seine" Anhänger beeindruckt hat. Selbst Ed Crane gestand schließlich ein, dass es an der Libertarian Party nicht mehr viel zu verteidigen gab.[23]

Ich selbst hielt auf der Konferenz einen meiner ersten öffentlichen Vorträge, zu dem Thema: „Towards a Libertarian Theory of Fascism".[24] Mir wurde in der Diskussion danach sehr unbehaglich, als Konkin fragte,[25] weshalb ich eine „regionale Revolte gegen den US-Imperialismus wie den Nationalsozialismus" schlecht mache.[26] Als er mein entsetztes Gesicht sah, meinte er, er habe das nicht ganz ernst gemeint und ihm habe der Vortrag gefallen, immerhin sei ich der einzige Soziologe der Welt, der nicht zugleich Sozialist sei.[27] Doch noch jetzt beim Niederschreiben merke ich mit Schrecken, dass es nicht ganz klar ist, welche Position Konkin diesbezüglich einnahm. Sein Hass auf den US-amerikanischen Staat tendierte dazu, ihn alle übrigen von Staaten begangenen Verbrechen relativieren zu lassen. Aber meine Helden tragen keinen Heiligenschein und sind fehlbare Menschen, keine Engel.

Wie ich mich erinnere, rührte sich SEK3 beim Essen eigenartige weiße Pulver in seine Speisen. Gefragt, was es mit diesen auf sich habe, antwortete er, es handele sich um Nahrungsergänzungsmittel aus den Labors der „live extension"-Bewegung in Kalifornien. SEK3 starb 2004, mit 56 Jahren, an „einer natürlichen Ursache". Eine Formulierung, die mehr Fragen offen lässt, als sie beantwortet (nämlich nur die, dass er wohl nicht ermordet wurde oder einen Unfall hatte). Jedenfalls hoffe ich, dass die Pulver seiner Gesundheit zumindest nicht geschadet und sein Leben womöglich verkürzt haben. Verlängert haben sie es offenbar nicht. Sein Impuls, seine Kompromisslosigkeit und Radikalität fehlen der libertären Bewegung heute. Aber sein „Manifest“ bleibt uns. Es liest sich frisch und erfrischend in einer Welt, die zusehends im Staatlichkeitswahn versinkt.

Stefan Blankertz, im Juli 2016

Vorwort zur ersten Auflage

Die grundlegende Form des Neuen Libertarismus entstand während meinem Ringen mit der Libertarian Party während ihrer Formation 1973, und die Gegenwirtschaft wurde am Free Enterprise Forum in Los Angeles im Februar 1974 zum ersten Mal öffentlich vorgeschlagen. Der Neue Libertarismus wurde ab diesem Zeitpunk inner- und außerhalb der libertären Bewegung und ihrer Zeitschriften, vor allem im Magazin „New Libertarian“, propagiert.

Wichtiger ist jedoch, dass der Aktivismus, der hier beschrieben wird (vor allem die Gegenwirtschaft), vom Autor und seinen engsten Alliierten seit 1975 praktiziert wird. Etliche „Anarchodörfer“ von Neulibertären haben sich ausgeformt und umgeformt.

Möchtest Du nicht wenigstens einmal ein Manifest lesen, das ausgeübt wurde, bevor es gepredigt wird? Ich wollte es.

Und ich habe es getan.

Samuel Edward Konkin III, im Oktober 1980

Vorwort zur zweiten Auflage

Eine agoristische Publikation sollte am strengsten auf dem freien Marktplatz bewertet werden. Tatsächlich wurde die erste Auflage des Manifests der neuen Libertären ausverkauft und eine zweite Auflage, aufgenommen von einem neuen Unternehmer, der mit seiner Ideologie nach Profit strebt, hältst Du, der Leser, in den Händen. Die Bewertung des Marktes ist, zu meiner erfreulichen Überraschung, dass das NLM die erfolgreichste meiner Publikationen ist.

Im Reich der Ideen sind zwei Jahre eine recht kurze Zeit. Trotzdem haben schon Attacken auf das NLM in libertären Publikationen links von der Mitte begonnen, und in einem solchen Mitteilungsblatt eines Studentennetzwerks wurde erst letzten Monat eine fehlgeleitete Gruppe dafür beschimpft, dass sie zu „Konkin, diesem Dussel“ gewechselt hat. Essays und Artikel über die Gegenwirtschaft und den Agorismus erscheinen in mehr und mehr nicht-linken (oder – noch – unagorisischen) libertären Publikationen.

Ein wahrhaftig ermunterndes Zeichen ist das Aufkommen von vielen gegenwirtschaftlichen Unternehmern im Gebiet Südkaliforniens (und einigen verstreut über ganz Nordamerika und sogar Europa), die das NLM annehmen und verteilen. Zwischen dem Erscheinen dieser zwei Auflagen hat sich in Orange County still eine agoristische „Industrie“ zusammengefunden.

Diese anhaltende Genugtuung wird nicht einfach faul genossen. Sie hat den Autor zur Fortsetzung des Dialogs in zwei Ausgaben einer theoretischen Zeitschrift, die auf dem NLM basiert, zum Schreiben von „Gegenwirtschaft" (siehe Fußnote 26), und zur Planung eines theoretischen Hauptwerks inspiriert, das so etwas sein wird, wie „Das Kapital" für „Das Kommunistische Manifest" war, und zweifellos „Agorismus" heißen wird.

Da ich noch immer anwende, was ich predige, und ich meine Anwendung noch immer ausweite, möchte ich zum Ende des ersten Vorworts anfügen…

Und ich tue es noch immer.

Samuel Edward Konkin III im Februar 1983

Vorwort zur vierten Auflage

Samuel Edward Konkin III hat vorgeschlagen, dass wir, anstatt das Manifest mit neuen Notizen zu aktualisieren, es einfach als das herausgeben, was es ist, als ein geschichtliches Stück lebende Theorie, deren Wachstum bis heute andauert. Die einzigen Änderungen, die vorgenommen wurden, waren die Bereinigung von ein paar beharrlichen Tippfehlern und einige geringfügige Änderungen durch den Herausgeber um der Klarheit willen. Mr. Konkin ist am 23. Februar 2004 dem großartigen Hort von Anarchisten im Himmel beigetreten, nach einer zu kurzen Lebensdauer von theoretischen und praktischen Experimenten und dem Bereisen der ganzen Welt, um das Konzept des Agorismus und des Neuen Libertarismus begierigen Zuhörern näher zu bringen.

25 Jahre nach seiner Publikation verkauft sich das Manifest noch immer sehr gut. Diese On-demand-Auflage – die weltweit verfügbar ist – sollte den Trend fortsetzen.

Mit dem Kollaps des Kollektivismus, der über die Erde hinwegfegt – ein Kollaps, der durch die wirtschaftlichen und moralischen Konsequenzen solcher Systeme verursacht ist –, sind Mr. Konkins Analysen umso mehr beeindruckend durch ihre Präzision. Das Manifest der neuen Libertären ist heute sogar noch aktueller, als es je war. Der Etatismus erstickte in der UdSSR. Die UNO als Proto-Weltstaat zerfällt zu einer zahnlosen, impotenten Belanglosigkeit. Werden die Einwohner der Welt den Trend fortführen, oder brauchen wir die Grenze des Weltraums, um den nächsten revolutionären Schritt im menschlichen Handeln zu erreichen?

Die Bewegung der Libertären Linken kann unter agorism.info kontaktiert werden, und alle früheren Ausgaben des „New Libertarian" sind von KoPupCo unter kopupco.com erhältlich.

Victor Koman, Herausgeber des Manifests, im März 2006

Vorwort des Übersetzers

Der moderne Libertarismus fristet im deutschsprachigen Raum leider noch immer ein sehr exotisches Dasein. Kaum jemand kennt den Begriff, und nur wenige Publikationen widmen sich ihm. Dabei halte ich ihn für die interessanteste aller politischen Philosophien und glaube, dass er die einzige Alternative für all jene Leute darstellt, die vom politischen Mainstream, der immer weiter in einen Wohlfühltotalitarismus und in den nächsten Weltkrieg driftet, desillusioniert sind.

Glücklicherweise sind die wichtigsten modernen Werke des Libertarismus, wie die von Murray N. Rothbard und David D. Friedman, in deutscher Sprache erhältlich. Doch das „New Libertarian Manifesto“ von Samuel Edward Konkin III, das meines Erachtens die bislang konsequenteste Auseinandersetzung mit den praktischen Möglichkeiten der politischen Befreiung ist, wurde bis heute, knapp 27 Jahre nach dem Erscheinen der ersten Auflage, nicht ins Deutsche übersetzt.

Ich hoffe, dass diese deutsche Übersetzung* etwas zur Bekanntheit des modernen Libertarismus im Allgemeinen und des Agorismus im Speziellen beitragen wird. Obwohl sich das Manifest zumeist auf den amerikanischen Raum bezieht, sind die darin enthaltenen Wahrheiten universell anwendbar.

Unbekannter Übersetzer im Januar 2007

Teil 2: Manifest der neuen Libertären

I. Etatismus: Unser Zustand

Wir werden von unseren Mitmenschen genötigt. Da sie die Möglichkeit haben, etwas anderes zu wählen, muss unser Zustand nicht so sein. Zwang ist unmoralisch, ineffizient und unnötig für das menschliche Leben und für dessen Erfüllung. Jene, die wünschen, kraftlos zu sein, während ihre Nachbarn sich nach ihnen auf die Jagd machen, sind frei, dies zu wählen; dieses Manifest ist für jene, die etwas anderes wählen: zurückzuschlagen.

Um Zwang zu attackieren, muss man ihn verstehen. Noch wichtiger ist, dass man genauso gut versteht, wofür man kämpft, wie man weiß, wogegen man kämpft. Blinde Reaktion geht in alle Richtungen von der Quelle des Zwangs weg und zerstreut die Chancen; die Verfolgung eines gemeinsamen Ziels fokussiert die Opponenten und erlaubt die Formation einer zusammenhängenden Strategie und Taktik.

Diffusem Zwang wird am besten mit lokaler, direkter Selbstverteidigung begegnet. Obwohl der Markt Firmen in den Bereichen des Schutzes und der Restauration in großem Maßstab entwickeln kann, können zufällige gewalttätige Bedrohungen nur an Ort und Stelle ad hoc bewältigt werden.[1]

Organisierter Zwang benötigt organisierte Opposition. (Ein exzellentes Argument wurde oft von vielen Denkern gemacht, die sagten, dass eine solche Organisation bestenfalls skelettartig bleiben soll und die Knochen nur für tatsächliche Konfrontation mit Fleisch versehen werden sollen, damit verhindert werden kann, dass sich die Verteidiger zu einer Aggressionsagentur wandeln können.) Institutioneller Zwang, der sich über die Jahrtausende entwickelt hat und Mystizismus und Täuschung tief in das Denken des Opfers eingepflanzt hat, benötigt eine große Strategie und einen umwälzenden Punkt von historischer Einzigartigkeit: Revolution.

Eine solche Institution, der die Unmoral zentralisiert, die Anweisungen zu Diebstahl und Mord gibt und Unterdrückung in einer Größenordnung koordiniert, die durch zufällige Kriminalität unvorstellbar ist, existiert. Sie ist die Bande aller Banden, die Verschwörung aller Verschwörungen. Sie hat in den letzten paar Jahren mehr Menschen getötet als alle Todesfälle in der Zeit davor zusammengezählt; sie hat in einigen Jahren mehr gestohlen als aller Reichtum zusammengezählt, der in der Zeit davor produziert wurde; sie hat – um zu überleben – mehr Gemüter irregeführt als alle Irrationalität davor zusammengezählt; unser Feind, der Staat.[2]

Allein im 20. Jahrhundert haben Kriege mehr getötet als alle vorherigen Todesfälle zusammengezählt; Steuern und Inflation haben mehr gestohlen als aller vorherige produzierte Reichtum; und all die politischen Lügen, die Propaganda, und vor allem „Bildung“ haben mehr Gemüter verdreht als aller vorherige Aberglaube; und trotz dieser bewussten Verwirrung und Verschleierung hat der Faden der Vernunft Fasern des Widerstands entwickelt, die in das Seil der Hinrichtung für den Staat gewoben werden: Libertarismus.

Wo auch immer der Staat seine Widersacher spaltet und besiegt, da vereinigt und befreit der Libertarismus. Wo auch immer der Staat trübt, da stellt der Libertarismus klar; wo auch immer der Staat verschleiert, da deckt der Libertarismus auf; wo auch immer der Staat verzeiht, da klagt der Libertarismus an.

Der Libertarismus erarbeitet von einer einzigen Prämisse eine komplette Philosophie: Die Initiation von Gewalt oder deren Androhung (Zwang) ist falsch (unmoralisch, böse, schlecht, höchst unpraktisch, und so weiter.) und ist verboten; nichts anderes ist es.[3]

Der Libertarismus, wie er zu diesem Zeitpunkt entwickelt ist, fand das Problem und definierte die Lösung: Der Staat gegen den Markt. Der Markt ist die Summe aller freiwilligen menschlichen Handlungen.[4] Wenn man ohne Nötigung handelt, ist man Teil des Markts. So wurde die Volkswirtschaftlehre ein Teil des Libertarismus.

Der Libertarismus hat die menschliche Natur untersucht, um die Rechte des Menschen zu erklären, die von der Freiheit von Zwang abgeleitet werden. Daraus folgte direkt, dass der Mensch (Mann, Frau, Kind, Marsmensch, und so weiter) ein absolutes Recht auf sein Leben und weiteres Eigentum hat – und kein anderes. So wurde die Objektive Philosophie ein Teil des Libertarismus.

Der Libertarismus fragte, weshalb die Gesellschaft momentan nicht libertär ist, und fand den Staat, seine herrschende Klasse, seine Verschleierung und die heroischen Historiker, die danach streben, die Wahrheit hervorzubringen. So wurde die revisionistische Geschichtsschreibung ein Teil des Libertarismus.

Psychologie, vor allem von Thomas Szasz als Gegenpsychologie entwickelt, wurde von Libertären angenommen, um sich von beidem, staatlichen Einschränkungen und Eigeninhaftierung, zu befreien.

Auf der Suche nach einer Kunstform, um das schreckliche Potential des Staates auszudrücken und die vielen Möglichkeiten der Freiheit zu extrapolieren, fand der Libertarismus, dass die Science-Fiction schon in diesem Gebiet anwesend ist.

Von den politischen, wirtschaftlichen, philosophischen, psychologischen, historischen und künstlerischen Gebieten aus sahen die Anhänger der Freiheit ein Ganzes, das ihren Widerstand mit anderen anderenorts zusammenschloss, und sie kamen zusammen, als sie sich darüber bewusst wurden. So wurde der Libertarismus eine Bewegung. Die libertäre Bewegung schaute sich um und sah die Herausforderung: überall unser Feind, der Staat, von den Tiefen des Ozeans vorbei an den trockenen Außenposten zu den lunaren Oberflächen in jedem Land, jedem Volk, jedem Stamm und jeder Nation – ein einzelner Geist. Einige suchten direkte Allianzen mit anderen Gegnern der Machtelite, um die momentanen Herrscher des Staates zu stürzen.[5] Einige suchten direkte Konfrontationen mit den Vertretern des Staates.[6] Einige suchten die Kollaboration mit jenen an der Macht, die ihnen weniger Unterdrückung im Gegenzug für Stimmen anboten.[7] Und einige beharrten auf langzeitige Erleuchtung der Bevölkerung, um eine Bewegung zu bilden und zu entwickeln.[8] Anderenorts entsprang eine Libertäre Allianz von Aktivisten.[9]

Die höheren Kreise des Staates waren nicht im Begriff, beim ersten Zeichen von Widerstand ihren Ertrag abzuwerfen und ihren Opfern zurückzugeben. Der erste Gegenschlag kam von Antiprinzipien, die schon von korrupten Intellektuellen Kasten eingepflanzt wurden. Defätismus, Zurückweichen, Minarchie, Kollaboration, Gradualismus, Monozentris und Reformismus – inklusive die Institution des Staates zu akzeptieren, um den Etatismus zu „verbessern"! All diese Antiprinzipien (Abweichung, Häresien, selbstzerstörerische widersprüchliche Grundsätze, und so weiter) werden später behandelt. Die schlimmste all dieser ist die Parteiarchie, das Antikonzept, libertäre Ziele mit staatlichen Mitteln zu verfolgen, vor allem durch politische Parteien.

Eine „Libertäre" Partei war der zweite Schlag des Staates gegen die libertären Grünschnäbel, zuerst als lächerlicher Widerspruch,[10] dann als Invasionsarmee.[11]

Die dritte Gegenattacke war ein Versuch von einem der zehn reichsten Kapitalisten der Vereinigten Staaten, die größten libertären Institutionen – nicht nur die Partei – zu kaufen und die Bewegung so zu führen, wie andere Plutokraten alle anderen politischen Parteien in kapitalistischen Staaten führten.[12]

Der Grad an Erfolg in der Korrumpierung des Libertarismus, den diese etatistischen Gegenattacken hatten, führte zu einer Abspaltung der „Linken“ innerhalb der Bewegung und zu einer verzweifelnden Lähmung von anderen. Als die Ernüchterung gegenüber dem „Libertarismus“ wuchs, suchten die Desillusionierten Antworten auf dieses neue Problem: der Staat innerhalb sowie der Staat außerhalb. Wie verhindern wir, dass wir vom Staat und von der Machtelite missbraucht werden? Das heißt, fragten sie, wie können wir Abweichungen vom Weg der Freiheit verhindern, wenn wir wissen, dass es mehr als einen gibt? Der Markt hat viele Wege, ein Produkt zu produzieren und zu konsumieren, und keiner ist komplett vorhersehbar. Also, sogar wenn uns jemand sagt, wie man von hier (Etatismus) nach dort (Freiheit) gelangt, wie wissen wir, dass das der beste Weg ist?

Schon graben einige Leute alte Strategien von längst toten Bewegungen mit anderen Zielen aus.

Neue Pfade werden in der Tat angeboten – zurück zum Staat.[13]

Verrat, versehentlicher oder geplanter, existiert weiterhin. Er muss es nicht.

Während niemand den Ablauf der Schritte vorhersehen kann, die zielsicher eine freie Gesellschaft für Individuen mit Willen zur Freiheit erreichen werden, kann man trotzdem mit einem Schritt all diese eliminieren, die die Freiheit nicht voranbringen werden, und die Anwendung der Prinzipien des Marktes wird standhaft das Terrain für die Reise aufzeigen. Es gibt sicherlich nicht einen Weg, einen Graphen mit einer geraden Linie zur Freiheit. Aber es gibt eine Gruppe von Graphen, ein Feld gefüllt mit Linien, das den Libertären zu seinem Ziel einer freien Gesellschaft führen wird, und dieses Feld kann beschrieben werden.

Sobald das Ziel fixiert ist und die Wege entdeckt sind, bleibt nur noch die Aktion des Einzelnen, um von hier nach dort zu gelangen. Vor allem anderen ist dieses Manifest ein Aufruf zu dieser Aktion.[14]

II. Agorismus: Unser Ziel

Das grundlegende Prinzip, das einen Libertären vom Etatismus in seine freie Gesellschaft führt, ist dasselbe, das die Gründer des Libertarismus benutzten, um die Theorie selber zu entdecken. Das Prinzip heißt Konsistenz. Folglich wird die libertäre Gesellschaft kreiert, wenn jeder einzelne Libertäre die libertäre Theorie auf jede seiner Handlungen anwendet.

Viele Denker haben auf die Notwendigkeit der Übereinstimmung zwischen Mittel und Zweck hingewiesen, und nicht alle waren Libertäre. Ironischerweise haben viele Etatisten verlangt, dass es Inkonsistenz zwischen lobenswerten Zwecken und verachtenswerten Mitteln geben muss; sobald jedoch ihre wahren Zwecke der Machtausweitung und Unterdrückung verstanden wurden, erwiesen sich ihre Mittel doch wieder als ziemlich konsequent. Es ist ein Aspekt des etatistischen Nimbus, die Notwendigkeit der Konsistenz zwischen Zwecken und Mitteln durcheinander zu bringen; folglich ist es die entscheidende Aufgabe des libertären Theoretikers, Inkonsequenz aufzudekken. Viele Theoretiker haben dies auf bewundernswerte Weise getan; aber obwohl wir es versucht haben, sind wir größtenteils darin gescheitert, die konsequente Kombination zwischen Mitteln und Zwecken des Libertarismus zu beschreiben.[15]

Ob dieses Manifest selber korrekt ist oder nicht, kann nach demselben Prinzip bestimmt werden. Wenn es inkonsequent ist, dann ist alles darin bedeutungslos; Sprache ist dann in der Tat nur Geschwätz und Existenz ein Schwindel. Das kann nicht stark genug hervorgehoben werden. Sollte man in diesen Seiten eine Inkonsequenz entdecken, dann ist die konsequente Neuformulierung des Neuen Libertarismus ein Fehler, und nicht das, was herausgefunden wurde. Der Neue Libertarismus (Agorismus) kann nicht diskreditiert werden, ohne die Freiheit oder die Realität (oder beides) zu diskreditieren, nur eine inkorrekte Formulierung kann diskreditiert werden.

Beginnen wir mit der Anvisierung unseres Ziels. Wie sieht eine freie Gesellschaft aus, oder zumindest eine Gesellschaft, die so frei ist, wie wir sie mit unserem heutigen Verständnis zu erreichen hoffen?[16]

Die freieste Gesellschaft, die sich je jemand vorgestellt hat, ist zweifellos die von Robert LeFevre. Alle zwischenmenschlichen Beziehungen bestehen aus freiwilligem Austausch – ein freier Markt. Niemand schadet jemand anderem oder begeht irgendeine andere unerlaubte Handlung. Natürlich müsste viel mehr als der Etatismus vom individuellen Bewusstsein eliminiert werden, damit eine solche Gesellschaft existieren könnte. Am schädlichsten für diese perfekte freie Gesellschaft ist ihr Mangel an einem Bestrafungsmechanismus.[17] Es braucht nur eine Handvoll von Nötigern, die ihre unrechtmäßig erworbenen Waren in einer Gesellschaft mit tragbarer Größe genießen können – und die Freiheit ist tot. Und sogar wenn alle in

Freiheit leben – ein „Biss in den Apfel", ein Rückschlag, das Lesen von alter Geschichte oder die Wiederentdekkung des Bösen wird die perfekte Gesellschaft „unfrei" machen.

Die zweitbeste Auffassung einer freien Gesellschaft ist die libertäre Gesellschaft. Stetige Wachsamkeit ist der Preis der Freiheit (Thomas Jefferson), und es ist möglich, eine kleine Anzahl von Einzelpersonen auf dem Marktplatz zu haben, die dazu bereit sind, sporadische Angriffe abzuwehren. Oder eine größere Anzahl kann genügend Wissen zurückhalten und dieses Wissen der grundlegenden Selbstverteidigung anwenden, um zufällige Angriffe abzuschrecken (indem der Nötiger nie weiß, wer genügend ausgebildet für die Verteidigung ist) und um somit die Rentabilität der systematischen Gewaltinitiation zu eliminieren.

Selbst dann bleiben jedoch zwei Probleme übrig, die für dieses System der „Anarchie mit spontaner Verteidigung" untergeordnet schwierig sind. Erstens das Problem der Verteidigung jener, die wahrnehmbar wehrlos sind. Das kann mit Hilfe von fortgeschrittener Technologie für Leute gelöst werden, die querschnittsgelähmt oder geistesschwach sind (unter der Annahme, dass das selber nicht durch hinreichende Technologie gelöst wird), und für sehr kleine Kinder, die auf irgendeine Weise stetige Aufmerksamkeit benötigen. Dann gibt es noch jene, die für eine kurze Zeit wehrlos werden, und die noch selteneren Fälle, wo solche von Gewaltinitiatoren überwältigt werden, die ihr Geschick gegen möglicherweise schwächere Gegner testen möchten. (Das letztere ist aufgrund des hohen Risikos und des geringen materiellen Ertrags verglichen mit der Investition am seltensten.)

Jene, die nicht verteidigt werden müssen – und nicht verteidigt werden sollten –, sind jene, die bewusst wählen, nicht verteidigt zu werden: Pazifisten. LeFevre und seine Schüler müssen nicht befürchten, dass ein Libertärer, der sie verteidigen will, Methoden benutzen wird, die ihnen zuwiderlaufen. (Diese könnten möglicherweise einen „Taubenbutton" tragen, damit sie schnell erkannt werden.)

Viel wichtiger ist, was mit dem Gewaltinitiator nach der Verteidigung gemacht wird. Der Fall, in dem das eigene Eigentum erfolgreich beschädigt wird und man nicht da ist, um es zu beschützen, kommt einem schnell in den Sinn. Und schlussendlich, obwohl es sich dabei eigentlich um Spezialfälle des obigen handelt, die Möglichkeit des Betrugs und anderer Formen der Vertragsverletzung.[18]

Diese Fälle können durch eine primitive Schießerei beigelegt werden oder auf soziale Weise – das heißt, durch die Intervention einer dritten Partei in den Disput, die keine Beteiligung an einer der beiden Parteien erworben hat. Dieser Fall ist das fundamentale Problem der Gesellschaft.[19]

Alle Versuche, eine Lösung gegen die Anliegen beider Parteien durchzusetzen, verletzten das libertäre Prinzip. Somit ist eine Schießerei, die das Risiko von keiner dritten Partei involviert, akzeptabel – jedoch kaum profitabel oder effizient oder sogar zivilisiert (ästhetisch befriedigend), einige wenige Anhänger von gewissen Kulten ausgenommen.

Die Lösung erfordert also einen Richter, einen „fairen Zeugen“ oder einen Schlichter. Wenn ein Schlichter des Disputs oder ein Richter über den Angriff einmal das Urteil vollzogen und die Entscheidung mitgeteilt hat, ist möglicherweise eine Vollstreckung erfordert. (Pazifisten würden übrigens eine Schlichtung ohne Vollstreckung wählen.)

Das folgende Marktsystem wurde von Rothbard, Linda und Morris Tannehill und weiteren vorgeschlagen; es muss nicht definitiv sein und kann bei Fortschritten in der Theorie und in der Technologie verbessert werden (was dieser Autor bereits getan hat). Zum jetzigen geschichtlichen Zeitpunkt scheint es optimal zu sein und wird hier als das Arbeitsmodell präsentiert, mit dem begonnen werden kann.

Immer diejenigen auslassend, die nicht mitmachen wollen, versichert man sich zuerst gegen Angriff oder Diebstahl. Man kann seinem Leben im Fall von Mord (oder fahrlässiger Tötung) sogar einen Wert zuschreiben, der zwischen dem Töten des Gewaltinitiators, dem Entnehmen ersetzbarer Organe (wenn es die Technologie zulässt), um das Leben wiederherzustellen, und der Zahlung in eine Stiftung, die das eigene Lebenswerk weiterführt, schwanken. Entscheidend ist hier, dass das Opfer den Wert seinem Leben, Körper und Eigentum vor dem Unglück zuweist. (Auswechselbare Güter können einfach zum Marktpreis ersetzt werden. Siehe unten.)

A stellt fest, dass Eigentum fehlt, und berichtet das der Versicherungsgesellschaft VA. VA ermittelt entweder durch eine andere Division oder durch eine separate Kriminalagentur (K). VA ersetzt A das Objekt sofort, damit der Verlust des Gutes minimiert werden kann.[20] K gelingt es nun möglicherweise nicht, das fehlende Eigentum zu finden. In diesem Fall wird der Verlust von VA durch die Prämien gedeckt, die für die Versicherung gezahlt werden. Es sei bemerkt, dass VA einen großen Anreiz hat, die Wiederauffindung der gestohlenen Güter zu maximieren, um die Prämien tief und wettbewerbsfähig zu halten. (Man könnte ganze Bände damit füllen, den Mangel eines solchen Anreizes für monopolistische Kriminalsysteme wie die staatliche Polizei und deren horrende soziale Kosten aufzuzeigen.)

Wenn K die Güter findet, zum Beispiel im Besitz von B, und B diese freiwillig zurückgibt (möglicherweise veranlasst durch eine Belohnung), ist der Fall geschlossen. Nur wenn B Eigentumsrechte am Objekt beansprucht, die auch von A beansprucht werden, ergibt sich ein Konflikt.

B hat die Versicherungsgesellschaft VB, die ihre eigene unabhängige Untersuchung durchführen kann und A davon überzeugen kann, dass K sich geirrt hat. Wenn sie das nicht kann, dann sind VA und VB im Konflikt. An diesem Punkt lauten die Standardeinwände gegen die Marktanarchie, dass der „Krieg“ zwischen A und B vergrößert worden sei und nun große Versicherungsgesellschaften einschließe, die möglicherweise große Schutzdivisionen oder Verträge mit Schutzagenturen (SA und SB) haben. Aber worin liegt der Anreiz für VA und VB, Gewalt anzuwenden und nicht nur das Vermögen ihres Konkurrenten, sondern sicher auch einen Teil ihres eigenen zu zerstören? Sie haben in einer schon lange etablierten Marktgesellschaft sogar noch einen kleineren Anspruch; die Unternehmen haben Spezialisten und Kapital an die Verteidigung gebunden. Jedes Unternehmen, das Untersuchungen im Angriff tätigt, würde höchst verdächtig werden und würde in einer überwiegend libertären Gesellschaft (die hier diskutiert wird) sicherlich Kunden verlieren.

VA und VB können sehr billig und profitabel ein Schlichtungunternehmen bezahlen, um den Disput beizulegen, und diesem Unternehmen ihre jeweiligen Ansprüche und Beweise präsentieren. Wenn B einen rechtmäßigen Anspruch hat, dann lässt VA den Fall fallen, akzeptiert den kleinen Verlust (verglichen mit Krieg!) und hat einen exzellenten Anreiz, zukünftig seine Untersuchungen zu verbessern. Wenn A den rechtmäßigen Anspruch hat, gilt dasselbe für VB.

Erst wenn die Sache komplett bestritten, untersucht und beurteilt wurde und B noch immer nicht auf das gestohlene Eigentum verzichtet, würde Gewalt auftreten. (B wäre bis jetzt nur soweit betroffen, als dass VB ihn darüber informiert, dass er von VB verteidigt wird, und B hat vielleicht entschieden, dies zu ignorieren; keine Zwangsmaßnahme könnte vor der Verurteilung erteilt werden.) SB und VB treten jedoch zur Seite, und B muss nun einem kompetenten und effizienten Team von Spezialisten zur Rückerlangung von gestohlenem Eigentum entgegentreten. Sogar wenn B zu diesem Zeitpunkt fast verrückten Widerstand leisten würde, würde er wahrscheinlich trotzdem mit minimalem Wirbel von einer Marktagentur eliminiert werden, die auf ein gutes öffentliches Image achtet und mehr Kunden anziehen will – inklusive B selber eines Tages.

Darüber hinaus muss SA so agieren, dass niemand anderes einbezogen wird und kein fremdes Eigentum beschädigt wird.

B oder VB sind zur Restauration verpflichtet. Diese kann in drei Teile eingeteilt werden: Entschädigung, Zeitpräferenz und Aufdeckungskosten.

Die Entschädigung ist die Zurückgabe des ursprünglichen Gutes oder dessen Marktwerts. Das könnte sogar auf Teile des menschlichen Körpers oder auf den dem eigenen Leben zugewiesenen Wert angewendet werden.

Zeitpräferenz ist die Entschädigung für den Verlust der Zeitnutzung und ist auf einfache Weise bestimmt durch die Marktzinsrate, die VA zahlen müsste, um sofort das Eigentum von A wiederherzustellen.

Die Aufdeckungskosten stellen die Summe der Kosten für die Untersuchungen, die Aufdeckung, das Schlichtungsverfahren und die Durchführungen dar. Es sei bemerkt, dass der Markt so arbeitet, dass B einen hohen Anreiz hat, die Beute schnell zurückzugeben, um die Aufdeckungskosten zu minimieren (exakt das Gegenteil zu den meisten etatistischen Systemen) und um die angefallenen Zinsen zu minimieren.

Schlussendlich seien all die eingebauten Anreize für eine rasche, effiziente Justiz und Restauration mit einem minimalen Wirbel an Gewalt erwähnt. Dies sei allen anderen operierenden Systemen gegenübergestellt; es sei auch bemerkt, dass dieses ganze System durch die ganze Geschichte hindurch erfolgreich in einzelnen Teilen ausprobiert wurde. Nur das Ganze ist neu und ein exklusiver Teil der libertären Theorie.

Dieses Modell der Restauration wurde so genau erklärt, obwohl es verbessert und entwickelt werden kann, weil es das einzige soziale Problem löst, das irgendwelche Gewalt involviert. Der Rest dieser libertären Gesellschaft kann am besten von einfallsreichen Sciencefiction Autoren beschrieben werden, die ein gutes Fundament in Praxeologie haben (Mises' Begriff für das Studium des menschlichen Handelns, vor allem, aber nicht ausschließlich, Volkswirtschaft).

Einige Gütestempel dieser Gesellschaft – libertär in der Theorie und freimarktwirtschaftlich in der Praxis, genannt „agoristisch", vom Griechischen „agora", was „offener Marktplatz" bedeutet – sind rasche Innovationen in der Wissenschaft, in der Technologie, in der Kommunikation, im Transport, in der Produktion und in der Verteilung. Ein ergänzendes Argument ist die rasche Innovation und Entwicklungen in der Kunst und den Geisteswissenschaften, um mit dem materialistischeren Fortschritt mitzuhalten; dieser immaterielle Fortschritt wäre auch aufgrund der totalen Freiheit in allen Formen des gewaltlosen künstlerischen Ausdrucks und der noch schnelleren und vollkommenen Vermittlung dessen an gewillte Empfänger gewiss. Die libertäre Literatur, die sich aus dieser Freiheit erhebt, ist schon jetzt immens und befindet sich in schnellem Wachstum.

Diese Beschreibung der Restaurationstheorie muss abgeschlossen werden, indem einige ihrer geheimnisvollen Einwände behandelt werden. Die meisten können auf die Herausforderung reduziert werden, den beschädigten Gütern oder Personen Wert zuzuschreiben. Es scheint am fairsten für das Opfer und den Aggressor, den unpersönlichen Markt und das Opfer darüber entscheiden zu lassen.

Der letzte Punkt verärgert einige, die finden, dass eine Bestrafung von bösen Gedanken benötigt wird; die Tat umzukehren ist nicht genug für sie.[21]

Obwohl sich niemand eine moralische Basis für die Bestrafung ausgedacht hat, haben Rothbard und David Friedman im Speziellen mit der wirtschaftlichen Notwendigkeit der Abschreckung argumentiert. Sie sagen, dass jeder Prozentsatz von Festnahmen von weniger als 100 Prozent eine kleine Wahrscheinlichkeit für Erfolg erlaube; folglich würde ein „rationaler Krimineller" das Risiko für seinen Gewinn akzeptieren. Deshalb muss in Form von Bestrafung zusätzliche Abschreckung angefügt werden. Dass dies den Anreiz des Aggressors mindern würde, sich zu stellen, und somit auch die Rate der Festnahmen mindern würde, wird nicht bedacht, oder möglicherweise muss die Bestrafung in immer schnelleren Raten erhöht werden, um die Fluchtraten zu bekämpfen. Zum Zeitpunkt, als dies geschrieben wird, ist die tiefste Rate der Umgehung von staatlich definierten Delikten bei 80 Prozent; die meisten Kriminellen haben eine mehr als 90-prozentige Chance, nicht erwischt zu werden. Das ist in einem Bestrafungs-Rehabilitierungs-System, in dem keine Restauration stattfindet (das Opfer wird des weiteren durch Steuern geplündert, um das Strafsystem zu unterstützen) und der Markt unterdrückt wird. Es wundert kaum, dass es einen gedeihenden „roten Markt" für nichtstaatliche Gewaltinitiation gibt.

Selbst dann bemerkt diese Kritik an der agoristischen Restauration nicht, dass es einen „Entropiefaktor" gibt.

Der potentielle Aggressor muss den Gewinn des Diebstahlobjekts gegen den Verlust des Objekts plus Zins plus Aufdeckungskosten abwiegen. Es ist richtig, dass die letzten zwei minimal sind, wenn er sich sofort stellt – aber genau so minimal sind dann die Kosten für das Opfer und die Versicherung.

Die agoristische Restauration ist glücklicherweise nicht nur in einer reziproken Beziehung zur Folgsamkeit abschreckend, die Marktkosten für den Aufdeckungskostenfaktor erlauben auch eine quantitative Messung der sozialen Kosten des Zwangs in der Gesellschaft. Kein anderes vorgeschlagenes System, das momentan bekannt ist, erlaubt das. Wie die meisten Libertären sagen, Freiheit funktioniert.

Die Gedanken des Aggressors kommen in der agoristischen Restaurationstheorie nirgends ins Spiel. Der Aggressor wird nur als menschlicher Akteur angenommen, der für seine Taten verantwortlich ist. Was geht es außerdem irgendjemand anderes an, was man denkt? Das Wichtige ist, was der Aggressor tut. Gedanken sind keine Handlungen; zumindest in den Gedanken bleibt die Anarchie absolut.[22]

Wenn du geschockt aufschrickst und siehst, dass ich durch dein Fenster gekracht bin und dann sichergestellt habe, dass alle weiterlebten, dann interessiert es dich nicht besonders, ob ich gestolpert bin und durch das Fenster fiel, während ich vorbeilief, oder ob ich aufgrund einer irrationalen Wut hindurchgesprungen bin oder ob es ein überlegter Plan war, um Sicherheitskräfte auf der anderen Seite der Straße von einem Bankraub abzulenken. Was du willst, ist, dass dein Fenster schnell geflickt wird (und die Unordnung beseitigt wird). Was ich denke, ist nicht relevant für deine Restauration. Es kann in der Tat gezeigt werden, dass sogar der kleinste Energieaufwand zu diesem Thema pure Verschwendung ist. Die Motivation – oder die vermutete Motivation, die alles ist, was wir wissen können[22] – kann für die Aufdeckung relevant sein, oder wenn man die Plausibilität der Aktion des Aggressors einem Schlichter beweisen will, wenn es zwei gleichwahrscheinliche Verdächtige gibt, aber das Wichtige für die Gerechtigkeit – so, wie sie der Libertäre sieht – ist, dass das Opfer in einen Zustand zurückgesetzt wird, der dem vor dem Schaden so identisch wie möglich ist. Lassen wir Gott oder das Gewissen die „schuldigen Gedanken" bestrafen.[23]

Ein anderer Einwand meldete Bedenken darüber an, was mit Gewaltinitiatoren gemacht werden soll, die ihre Schuld (dem Einzelnen gegenüber, nicht der „Gesellschaft" gegenüber) beglichen haben und „frei" sind, es nochmals zu versuchen – mit größerer Erfahrung. Wie soll die Rückfälligkeit, die etwas Weitverbreitetes in einer etatistischen Gesellschaft ist, gehandhabt werden?

Sobald jemand als Aggressor bekannt ist, wird er wahrscheinlich stärker überwacht, und an den Aggressor wird zuerst gedacht, wenn eine ähnliche Straftat ausgeübt wird. Und während Arbeitslager in einigen extremen Fällen genutzt werden können, um Reparationszahlungen zu machen, werden die meisten Aggressoren in relativer Freiheit weiterhin arbeiten können. Somit wird es keine „Institutionen zur besseren Erlernung von Verbrechen" geben, um Aggression zu lehren und zu fördern.

Das Unterscheidungsmerkmal eines höchst effektiven und genauen Systems zur Urteilssprechung und Beschützung wird sein, dass es einen Bruchteil der Zeit, der Gedanken und des Gelds der Einzelperson einnehmen wird. Dann kann man auch sagen, dass wir längst nicht 99 Prozent einer agoristischen Gesellschaft porträtiert haben. Was ist mit der Elimination der Selbstzerstörung (mit der sich der Libertarismus überhaupt nicht beschäftigt), Weltraumerforschung und Weltraumbesiedlung, Lebensverlängerung, Intelligenzerhöhung, interpersonelle Beziehungen und ästhetische Variationen? Es kann und muss nur gesagt werden, dass, während der momentane Mensch die Hälfte oder mehr seiner Zeit dafür aufbringen muss, dem Staat zu dienen oder sich ihm zur Wehr zu setzen, diese Zeit-Energie (physikalische Definition der Handlung) für alle anderen Aspekte der Selbstverbesserung und der Nutzbarmachung der Natur verfügbar sein wird. Man braucht in der Tat eine zynische Sicht der Menschheit, um sich irgendetwas anderes als eine reichere, glücklichere Gesellschaft vorzustellen.

Dies ist also ein Grundriss für unser Ziel und eine detaillierte Beschreibung oder ein vergrößerter Fokus auf den Aspekt der Gerechtigkeit und den Schutz. Wir haben das „hier“ und das „dort“. Nun also zum Weg – Gegenwirtschaft.

III. Gegenwirtschaft: Unsere Mittel

Nachdem wir unsere Vergangenheit und etatistische Gegenwart genau beschrieben haben und einen flüchtigen Blick einer viel besseren Gesellschaft erhascht haben, die mit dem heutigen Verständnis und der heutigen Technologie erreichbar ist – und keine Veränderung in der menschlichen Natur benötigt –, kommen wir nun zum entscheidenden Teil des Manifests: Wie gelangen wir von hier nach dort? Die Antwort teilt sich natürlicherweise – oder vielleicht unnatürlicherweise – in zwei Aspekte. Ohne Staat wäre die Unterscheidung in eine Mikroebene (Manipulation eines Einzelnen durch sich selber und seine Umgebung – inklusive den Markt) und eine Makroebene (Manipulation von Kollektiven) höchstens eine interessante statistische Übung mit gewissem geringem Bezug für Marketingagenturen. Eine Person mit höchst fortgeschrittenem Anstand kann trotzdem den Wunsch haben, die sozialen Konsequenzen seines oder ihres Handelns zu verstehen, sogar wenn es niemandem anderem schadet.

Mit einem Staat, der jede Handlung verdirbt und unseren Geist mit unverdienter Schuld beschmutzt, wird es äußerst wichtig, dass wir die sozialen Konsequenzen unserer Handlungen verstehen. Wenn wir zum Beispiel keine Steuern zahlen und damit davonkommen, wem wird damit geschadet: uns? dem Staat? den Unschuldigen? Die libertäre Analyse zeigt uns, dass der Staat für jeden Schaden gegenüber Unschuldigen verantwortlich ist, den er dem „egoistischen Steuerhinterzieher“ anlastet; und die „Dienste“, die der Staat „liefert“, sind illusorisch. Aber selbst dann muss es mehr geben als einsamen, klug verdeckten Widerstand oder „auszusteigen“? Wenn eine politische Partei oder eine revolutionäre Armee für die libertären Ziele unangebracht und kontraproduktiv sind, welche kollektive Handlung funktioniert dann?

Die Antwort heißt Agorismus.

Es ist möglich, praktisch und sogar profitabel, große Teile der Menschheit von einer etatistischen Gesellschaft in die Agora zu führen. Das ist, im tiefsten Sinn, die wahre revolutionäre Aktivität und wird im nächsten Kapitel behandelt werden. Aber um die Makroantwort zu verstehen, müssen wir zuerst die Mikroantwort skizzieren.[24]

Die Funktion der Pseudowissenschaft der Establishment-Volkswirtschaftslehre ist, noch mehr als Vorhersagen für die herrschende Klasse zu machen (wie die Wahrsager des Römischen Imperiums), die beherrschte Klasse darüber hinters Licht zu führen und zu verwirren, wohin ihr Wohlstand geht und wie er ihr weggenommen wird. Eine Erklärung, wie die Leute ihren Reichtum und ihr Eigentum vor dem Staat schützen können, ist dann die Gegen-Establishment-Volkswirtschaftslehre, oder kurz Gegenvolkswirtschaftslehre.[25] Die tatsächlichen menschlichen Handlungen, die dem Staat entkommen, ihm ausweichen oder sich ihm widersetzen, sind die gegenwirtschaftlichen Aktivitäten.

Um alle oder sogar nur einen signifikant brauchbaren Teil der Gegenvolkswirtschaftslehre auszuarbeiten und zu beschreiben, würde man mindestens einen eigenen vollen Band benötigen.[26] Hier wird nur soviel skizziert, dass für das Verständnis des Rests des Manifests gesorgt ist.

Von einer agoristischen Gesellschaft zu einer etatistischen zu gelangen, sollte anstrengende Arbeit sein, entsprechend dem Pfad von hochnegativer Entropie in der Physik. Warum sollte man, sobald man in einer gut funktionierenden freien Gesellschaft lebt und diese versteht, wünschen, zu einer Gesellschaft mit systematischer Nötigung, Plünderung und Angst zurückzukehren? Ignoranz und Irrationalität unter den Kenntnisreichen und Rationalen auszustreuen, ist fast unmöglich; das zu verwirren, was bereits klar verstanden wird, ist nahezu unmöglich. Die agoristische Gesellschaft sollte ziemlich stabil relativ zum Verfall sein, jedoch sehr offen für Verbesserungen.

Gehen wir zurück in der Zeit, spielen wir den Film rückwärts ab, von der agoristischen Gesellschaft zur heutigen etatistischen Gesellschaft. Was würde uns dabei erwarten?

Etatistische Nester, zumeist territorial zusammenhängend, da der Staat regionale Monopole erfordert, würden zuerst auftreten. Die verbleibenden Opfer werden sich mehr und mehr der wundervollen freien Welt um sie herum bewusst und „verdunsten" aus diesen Nestern. Große Syndikate von Marktschutzagenturen grenzen den Staat ein, indem sie jene verteidigen, die sich für eine Schutzversicherung angemeldet haben. Am wichtigsten ist, dass jene außerhalb der etatistischen Nester oder Subgesellschaften eine agoristische Gesellschaft genießen, abgesehen davon, dass die Versicherungsprämien höher sind und man ein wenig darauf achten muss, wohin man reist. Die Agoristen könnten zu diesem Zeitpunkt neben den Etatisten existieren und eine isolationistische „Außenpolitik“ aufrechterhalten, da die Kosten einer Invasion der etatistischen Subgesellschaften und deren Befreiung höher wären als der augenblickliche Ertrag (außer der Staat startet einen totalen letzten Angriff), aber es gibt keinen echten Grund, anzunehmen, dass die verbleibenden Opfer die Wahl treffen würden, unterdrückt zu bleiben, wenn die libertäre Alternative so sichtbar und zugänglich ist. Die Gebiete des Staates sind wie eine übersättigte Lösung, die sich im nächsten Moment in Anarchie niederschlägt.

Wenn wir einen weiteren Schritt zurückgehen, finden wir die Situation genau umgekehrt. Wir finden größere Sektoren der Gesellschaft unter dem Etatismus und kleinere, die so agoristisch wie möglich leben. Es gibt jedoch einen sichtbaren Unterschied: Die Agoristen müssen nicht territorial zusammenhängend sein. Sie können irgendwo leben, obwohl sie dazu tendieren werden, sich mit ihren agoristischen Gefährten zusammenzuschließen, nicht nur wegen sozialer Verstärkung, sondern auch aus Bequemlichkeit und wegen des profitablen Handels. Es ist immer sicherer und profitabler, mit vertrauenswürdigeren Kunden und Lieferanten zu handeln. Die Tendenz ist, dass der Zusammenschluss zwischen mehr agoristischen Einzelpersonen und eine Abtrennung mit mehr etatistischen Elementen stattfindet. (Diese Tendenz ist nicht nur theoretisch stark; sie existiert auch in der heutigen rudimentären Praxis.) Einige einfach beschützbare Territorien, möglicherweise im Weltall oder auf Inseln im Ozean (oder unter Wasser) oder in „Großstadtghettos“, können fast komplett agoristisch sein, da der Staat dort unfähig ist, sie zu zerstören. Aber die meisten Agoristen werden innerhalb von Gebieten leben, die der Staat für sich beansprucht.

Es wird ein Spektrum für den Grad an Agorismus bei den meisten Einzelpersonen geben, wie es schon heute existiert, mit einigen, die davon profitieren, dass der Staat höchst etatistisch ist, und einigen, die sich der agoristischen Alternative vollkommen bewusst sind und kompetent genug sind, um möglichst frei zu leben, und der Rest ist in der Mitte mit unterschiedlichen Graden an Verwirrung.

Schlussendlich gehen wir dahin zurück, wo nur eine Handvoll den Agorismus versteht und die Mehrheit von der Existenz des Staates einen illusorischen Gewinn empfindet oder unfähig ist, eine Alternative wahrzunehmen, und die Etatisten selber: der Regierungsapparat und die Klasse, die dadurch definiert wird, dass sie einen neuen Gewinn erzielt, wenn der Staat in den Markt interveniert.[27]

Das ist eine Beschreibung unserer momentanen Gesellschaft. Wir sind „zu Hause.“

Bevor wir die Fahrt umkehren und den Pfad vom Etatismus zum Agorismus beschreiben, werfen wir mit Hilfe unserer neu erlangten agoristischen Wahrnehmung einen Blick auf unsere momentane Gesellschaft. So wie ein Reisender, der heimkehrt und die Dinge mit dem, was er oder sie von fremden Ländern und Lebensweisen gelernt hat, in einem neuen Licht sieht, können wir neue Einsichten über unsere momentanen Umstände erlangen.

Abgesehen von einigen aufgeklärten Neulibertären, die in den liberaleren etatistischen Gebieten um den Globus toleriert sind („Tolerierung" existiert zu dem Grad der Kontaminierung des Etatismus durch den Libertarismus), nehmen wir jetzt etwas anderes wahr: eine große Anzahl von Leuten, die auf agoristische Art und Weise handeln, jedoch mit geringem Verständnis jeglicher Theorie, die aber die Mittel haben, dem Staat zu entkommen, ihm auszuweichen oder sich ihm zu widersetzen. Sicherlich stellen diese ein vielversprechendes Potential dar?

In der Sowjetunion, einer Bastion des Erzetatismus und einer fast komplett kollabierten „offiziellen" Wirtschaft, versorgt ein riesiger Schwarzmarkt die Russen, Armenier, Ukrainer und andere mit allem, von Nahrungsmitteln über Fernseherreparaturen zu offiziellen Papieren und Begünstigungen von der herrschenden Klasse. Wie der „Manchester Guardian Weekly" berichtet, ist Birma ein fast totaler Schwarzmarkt, und die Regierung ist auf eine Armee, Polizei und einige umherstolzierende Politiker reduziert. Zu unterschiedlichen Graden trifft das auf fast alle Zweit- und Drittweltländer zu.

Was ist mit der „Ersten" Welt? In den sozialdemokratischen Ländern ist der Schwarzmarkt kleiner, weil der „weiße Markt" von legal akzeptierten Markttransaktionen größer ist, aber ersterer ist trotzdem ziemlich markant. Italien hat zum Beispiel ein „Problem" mit einem großen Teil seines öffentlichen Dienstes, der offiziell von 7:00 bis 14:00 Uhr arbeitet, jedoch inoffiziell „Schwarzgeld" verdient, indem an verschiedenen Anstellungen während des Rests des Tages gearbeitet wird. Die Niederlande haben aufgrund der starken Regulierungen im Wohnungswesen einen großen Schwarzmarkt in dieser Industrie. Dänemark hat eine so große Steuerhinterziehungsbewegung, dass jene von dieser Bewegung, die von der Politik verführt wurden, die zweitgrößte Partei gebildet haben. Und dies sind nur die gröbsten Beispiele, die die Presse zu behandeln gewillt ist. Währungskontrollen werden wild umgangen; in Frankreich wird zum Beispiel angenommen, dass jeder ein großes Goldversteck hat, und Ausflüge in die Schweiz für mehr als nur zum Wandern und Skifahren sind an der Tagesordnung.

Um den Umfang dieser gegenwirtschaftlichen Aktivität richtig einzuschätzen, muss man die relativ freien „kapitalistischen" Wirtschaften betrachten. Werfen wir einen Blick auf die schwarzen und grauen Märkte[28] in Nordamerika und erinnern wir uns daran, dass dies das Beispiel mit der geringsten Aktivität in der heutigen Welt ist.

Gemäß dem American Internal Revenue Service gehören mindestens 20 Millionen Menschen zur „Untergrundwirtschaft" von Steuerflüchtlingen, die Bargeld benutzen, um die Entdeckung von Transaktionen oder Tauschen zu verhindern. Millionen bewahren ihr Geld in Form von Gold oder auf ausländischen Konten auf, um der versteckten Besteuerung durch Inflation zu entgehen. Millionen von „illegalen Ausländern" werden gemäß dem Immigration and Naturalization Service beschäftigt. Millionen weitere handeln mit oder konsumieren Marihuana, Kokain oder andere verbotene Drogen, inklusive Lätril,

Tryptophan, Anti-AIDS-Medikamente und verbotene medizinische Stoffe.

Und dann sind da noch alle, die „opferlose Straftaten“ verüben. Neben dem Drogenkonsum gibt es noch die Prostitution, die Pornographie, den Schmuggel, gefälschte Identifikationspapiere, Glücksspiele und verbotene sexuelle Handlungen zwischen einwilligenden Erwachsenen. Achtlos der „Reformbewegungen“, die versuchen, politische Akzeptanz für diese Handlungen zu erlangen, hat die Bevölkerung entschieden, jetzt zu handeln – und damit schafft sie eine Gegenwirtschaft.

Aber damit hört es noch nicht auf. Seit das Geschwindigkeitslimit von 55 Meilen pro Stunde auf Bundesebene erlassen wurde, wurden die meisten Amerikaner zu gegenwirtschaftlichen Fahrern. Die Lastwagenindustrie hat eine CB-Funk-Kommunikation entwickelt, um der staatlichen Durchsetzung dieser Regulierung zu entgehen. Für die Unabhängigen, die mit 75 Meilen pro Stunde vier Fahrten machen können, ist gegenwirtschaftliches Fahren eine Frage des Überlebens, da sie mit 55 Meilen pro Stunde nur drei Fahrten machen könnten.

Die alte Gewohnheit des Schmuggelns gedeiht heute von Bootladungen voll mit Marihuana über ausländische Anwendungen mit hohen Gebühren und Lastwagenladungen voll mit Menschen aus weniger entwikkelten Ländern zu Touristen, die ein bisschen mehr in ihr Gepäck verstauen und dies den Zollbeamten nicht mitteilen.

Fast jeder macht irgendwelche Falschangaben oder Irreleitungen in seinem Steuerformular, Zahlungen für

Dienste, über die nicht Buch geführt wird, ungemeldeten Handel mit Verwandten oder illegale Sexualstellungen mit seinem Partner.

Zu einem gewissen Maß ist also jeder ein Gegenwirtschaftler! Und das ist durch die libertäre Theorie vorhersehbar. Für fast jeden Aspekt der menschlichen Handlungen gibt es etatistische Gesetze, die die Handlungen verbieten, regulieren oder kontrollieren. Diese Gesetze sind so zahlreich, dass die „Libertäre" Partei den Staat innerhalb eines Millenniums nicht bedeutsam abschaffen würde (ganz zu schweigen vom Mechanismus selber!), wenn sie jede neue Gesetzgebung verhindern würde und rasch zehn oder 20 Gesetze pro Session abschaffen würde![29]

Der Staat ist offensichtlich unfähig, seine Erlasse durchzusetzen. Trotzdem existiert der Staat weiterhin. Und wenn jeder auf irgendeine Weise gegenwirtschaftlich ist, wieso hat dann die Gegenwirtschaft die Wirtschaft noch nicht überwältigt?

Außerhalb von Nordamerika können wir den Effekt des Imperialismus anfügen. Die Sowjetunion hat in den 1930ern Unterstützung von den weiter entwickelten Staaten und eine große Anzahl von Gewaltinstrumenten während des Zweiten Weltkriegs bekommen. Sogar heute werden mit durch nichtrückzahlbare Darlehen subventioniertem „Handel" das sowjetische und das neue chinesische Regime aufrechterhalten. Dieser Fluss von Kapital (oder Antikapital, da Wert zerstört wird) von beiden Blöcken, hält die Regime, zusammen mit militärischer Hilfe, im Rest der Welt aufrecht. Aber dies erklärt nicht den nordamerikanischen Fall.

Was auf der ganzen Erde existiert und dem Staat erlaubt, weiterhin zu existieren, ist die Gutheißung durch das Opfer.[30] Jedes Opfer des Etatismus hat den Staat zu einem gewissen Grad verinnerlicht. Die jährliche Erklärung des Internal Revenue Service, dass die Einkommenssteuer auf „freiwilliger Folgsamkeit" beruht, ist ironischerweise wahr. Würden die Steuerzahler die Blutversorgung komplett abstellen, würde der Vampirstaat hoffnungslos zugrundegehen, seine unbezahlte Polizei und Armee würden fast sofort desertieren und das Monster abschwächen. Wenn jeder das „gesetzliche Zahlungsmittel" für Gold und Güter in Verträgen und anderen Tauschen aufgeben würde, wäre es zweifelhaft, ob das Steuerwesen den modernen Staat überhaupt stützen könnte.[31]

Hier wird die staatliche Kontrolle der Bildung und der Informationsmedien, entweder direkt oder durch den Besitz durch die herrschende Klasse, entscheidend. In früheren Tagen erfüllte die etablierte Priesterschaft die Funktion, den König und die Aristokratie zu rechtfertigen, die Beziehungen der Unterdrückung zu verwirren und Flüchtigen und Verweigerern Schuld einzureden. Die Trennung von Religion und Staat hat diese Aufgabe der neuen intellektuellen Klasse (die die Russen die „Intelligenzija" nannten) auferlegt. Einige Intellektuelle, die ihre höchsten Werte beibehalten (wie es frühere abweichende Theologen und Kleriker taten), klären auf, anstatt zu verwirren, aber diese werden entlassen oder beschimpft und werden vom Staat und vom von ihm kontrollierten Einkommen ferngehalten. Dadurch wird das Phänomen des Abweichens und des Revisionismus kreiert; und somit wird eine Einstellung des Antiintellektualismus unter der Bevölkerung kreiert, die der Funktion des Hofintellektuellen mistraut oder sie unvollständig versteht.

Es sei bemerkt, wie anarchistische Intellektuelle unter jedem Staat attackiert und unterdrückt werden; und jene, die für eine Stürzung der momentanen herrschenden Klasse eintreten – auch um sie nur durch eine andere zu ersetzen – werden verdrängt. Jene, die Änderungen vorschlagen, die einige Begünstigungen des Staates eliminieren und andere hinzufügen, werden oftmals von den begünstigten Elementen der höheren Kreise gelobt und von den potentiellen Verlierern attackiert.

Eine gemeinsame Eigenschaft der meisten abgehärteten Leute, die in Schwarzmärkte involviert sind, ist ihre Schuld. Sie möchten „ihr Bündel verdienen" und zu der „ordentlichen Gesellschaft" zurückkehren. Schmuggler und Prostituierte sehnen sich nach einem Tag, an dem sie wieder in der Gesellschaft akzeptiert werden – auch wenn sie eine unterstützende „Subgesellschaft" von Ausgestoßenen bilden. Es gab jedoch Ausnahmen für dieses Phänomen des Verlangens nach Akzeptanz: die religiösen abweichenden Gesellschaften der 1700er, die politischen utopischen Gesellschaften der 1800er, und erst zuletzt die Gegenkultur der Hippies und der Neuen Linken. Sie waren überzeugt davon, dass ihre Subgesellschaft besser als der Rest der Gesellschaft war. Die ängstlichen Reaktionen ihnen gegenüber, die sie im Rest der Gesellschaft hervorriefen, waren die Angst davor, dass sie richtig liegen könnten.

All diese Beispiele von selbstversorgenden Subgesellschaften scheiterten hauptsächlich aus einem Grund:

Unwissen gegenüber der Volkswirtschaftslehre. Keine soziale Bindung, egal wie bewundernswert, kann den grundlegenden Leim der Gesellschaft überwinden – die Arbeitsteilung. Die Antimarktkommune trotzt dem einzigen durchsetzbaren Gesetz – dem Gesetz der Natur. Die grundsätzliche organisatorische Struktur der Gesellschaft (jenseits der Familie) ist nicht die Kommune (oder der Stamm oder der erweiterte Stamm oder der Staat), sondern die Agora. Ganz gleich, wie viele wollen, dass der Kommunismus funktioniert, und sich ihm hingeben, er wird scheitern. Sie können den Agorismus mit großer Anstrengung unendlich lange zurückhalten, aber wenn sie loslassen, wird der „Fluss" oder die „unsichtbare Hand" oder der „Trend der Geschichte" oder der „Anreiz des Profits" oder „zu tun, was natürlich kommt" oder die „Spontaneität" die Gesellschaft unaufhaltsam näher zur puren Agora führen.

Warum ist der Widerstand gegenüber letztendlichem Glück so stark? Psychologen haben dies behandelt, seit sie mit ihrer embryonalen Wissenschaft begonnen haben. Aber wir können mindestens zwei vage Antworten geben, wenn es um sozioökonomische Fragen geht: Internalisierung der Antiprinzipien (jene, die Prinzipien zu sein scheinen, jedoch in der Tat dem Naturgesetz entgegengesetzt sind) und der Widerstand der etablierten Interessen.

Jetzt können wir klar sehen, was benötigt wird, um eine libertäre Gesellschaft hervorzubringen. Einerseits benötigen wir die Aufklärung der libertären Aktivisten und die Anhebung des Bewusstseins der Gegenwirtschaftler zu einem libertären Verständnis und gegenseitiger Unterstützung. „Wir haben recht, wir sind besser, wir sind auf einem moralischen, konsequenten Weg überlegen, und wir bringen eine bessere Gesellschaft hervor – zu unseren Gunsten und zugunsten der anderen", unsere gegenwirtschaftlichen „Zusammenstoßtruppen" mögen zustimmen. Es sei bemerkt, dass libertäre Aktivisten, die selber keine vollkommene Gegenwirtschaft ausüben, kaum überzeugend sind. „Libertäre" politische Kandidaten untergraben alles (Wertvolle), was sie sagen, durch das, was sie tun; einige Kandidaten waren sogar in Steuerbüros und Verteidigungsdepartements angestellt!

Andererseits müssen wir uns gegen die etablierten Interessen verteidigen, oder zumindest die Unterdrückung durch sie so stark wie möglich verringern. Wenn wir Reformen als kontraproduktiv scheuen, wie werden wir das erreichen?

Eine Möglichkeit ist, dass wir mehr und mehr Leute in die Gegenwirtschaft bringen und die für den Staat verfügbare Beute verkleinern. Aber Ausweichen allein genügt nicht; wie schützen wir uns und wie schlagen wir sogar zurück?

Langsam aber bestimmt bewegen wir uns auf die freie Gesellschaft zu und machen aus Gegenwirtschaftlern Libertäre und aus Libertären Gegenwirtschaftler, um schlussendlich die Theorie und die Praxis zu vereinen. Die Gegenwirtschaft wird wachsen und sich zum nächsten Schritt ausbreiten, den wir in unserer Rückwärtsreise gesehen haben, mit einer immer größeren agoristischen Subgesellschaft, die in die etatistische Gesellschaft eingebettet ist. Einige Agoristen könnten sich sogar in sichtbaren Bezirken und Ghettos verdichten und auf Inseln oder in

Weltraumkolonien die Überhand haben. Zu diesem Zeitpunkt wird die Frage des Schutzes und der Verteidigung wichtig.

Indem wir unser agoristisches Modell (Kapitel II) benutzen, können wir sehen, wie sich die Schutzindustrie entwickeln muss. Erstens, wieso lassen sich Leute ohne Schutz auf die Gegenwirtschaft ein? Der Erfolg für das Risiko, das sie auf sich nehmen, ist größer als der erwartete Verlust. Diese Aussage ist natürlich für jede ökonomische Aktivität wichtig, aber für die Gegenwirtschaft muss es speziell betont werden:

Das fundamentale Prinzip der Gegenwirtschaft ist, Risiko gegen Ertrag zu tauschen.[32]

Je höher der erwartete Profit ist, desto größer ist das Risiko, das auf sich genommen wird. Es sei bemerkt, dass, wenn das Risiko verringert wird, viel mehr versucht und erreicht wird – sicherlich ein Anzeichen dafür, dass eine freie Gesellschaft viel wohlhabender ist als eine unfreie.

Das Risiko kann verringert werden, indem Sorgfalt, Vorsicht und Sicherheit (Schlösser und Geheimverstecke) verstärkt werden und indem man einer geringeren Anzahl an Personen mit höherer Vertrauenswürdigkeit vertraut. Letzteres zeigt eine Bevorzugung, mit Mitagoristen zu handeln, und es zeigt einen starken ökonomischen Anreiz für die Bildung einer agoristischen Subgesellschaft und den Anreiz, zu rekrutieren oder die Rekrutierung zu unterstützen.

Gegenwirtschaftliche Unternehmer haben den Anreiz, bessere Sicherheitseinrichtungen, Verstecke, Anleitungen zur Umgehung und zur Überprüfung von potentiellen Kunden und Versorgern für andere gegenwirtschaftliche Unternehmer anzubieten. Und somit ist die gegenwirtschaftliche Schutzindustrie geboren.

Während sie wächst, könnte sie beginnen, indem sie gegen „Ausbrüche“ versichert, indem sie die gegenwirtschaftlichen Risiken weiter verringert und das gegenwirtschaftliche Wachstum beschleunigt. Dann könnte sie Wachen und bewachte Gebiete zur sicheren Verwahrung mit Alarmsystemen und hochtechnologischen Verschleierungsmechanismen anbieten. Wachen gegen echte Kriminelle (abgesehen vom Staat) könnten angeboten werden. Heute haben schon viele Wohn-, Geschäfts- und sogar Minderheitsgebiete private Patrouillen, da sie es aufgegeben haben, auf den vermeintlichen Schutz des Eigentums durch den Staat zu vertrauen.

Währenddessen könnte das Risiko des Vertragsbruchs zwischen gegenwirtschaftlichen Händlern durch Schlichtung verringert werden. Dann werden die Schutzagenturen damit beginnen, Vertragsvollstreckung zwischen Agoristen anzubieten, obwohl der stärkste „Strafvollstrecker“ in den Anfangsstadien der Staat sein wird, dem jeder den anderen ausliefern kann. Diese Handlung wird aber schnell darin resultieren, dass man aus der Subgesellschaft ausgeschlossen wird; somit wird ein interner Vollstreckungsmechanismus geschätzt werden.

In den finalen Stadien werden die gegenwirtschaftlichen Transaktionen mit Etatisten durch die Schutzagenturen durchsetzbar sein und die Agoristen werden gegen die Kriminalität des Staates geschützt sein.[33]

Zu diesem Zeitpunkt haben wir den endgültigen Schritt vor dem Erreichen einer libertären Gesellschaft gemacht. Die Gesellschaft wird in große unangetastete agoristische Gebiete und etatistische Sektoren eingeteilt sein. Und wir stehen auf der Schwelle zur Revolution.

IV. Revolution: Unsere Strategie

Unser Zustand wurde analysiert, unser Ziel erkannt, der Mechanismus genau erklärt und eine Reihe von Pfaden entworfen. Wenn wir schlicht selber die Gegenwirtschaft anwenden, uns betreffend dem Libertarismus bilden und andere durch Worte und Taten informieren, werden wir unsere libertäre Gesellschaft erreichen. Dies ist gewiss für die meisten Leute ausreichend, und mehr kann nicht erwartet werden. Kein Neulibertärer sollte je einen anderen libertären Gegenwirtschaftler beschimpfen, der nicht mehr tut. Sie sind Agoristen und werden eines Tages dahin kommen.

Aber selbst diese simplen Agoristen möchten vielleicht etwas zu den Unternehmern beitragen, die sich darin spezialisieren, die Bewegung vom Etatismus zur agoristischen Gesellschaft zu beschleunigen. Und andere, die die ansteigende Inflation erkennen, die zum wirtschaftlichen Kollaps führt oder die Wolken des Kriegs um sich schart, möchten etwas dagegen tun. Schlussendlich müssen die Gegenangriffe des Staates bekämpft werden, die die agoristische Subgesellschaft untergraben und Libertäre auf falsche Fährten locken. Diese Aufgaben definieren das Feld für den neulibertären Aktivisten.[34]

Noch einmal sei gesagt, dass für jene, die ihr Leben so frei wie möglich führen wollen und sich mit anderen

Gleichgesinnten vereinigen wollen, der gegenwirtschaftliche Libertarismus ausreichend. Mehr wird nicht benötigt.

Aber für jene, die in welcher Weise auch immer diese heroischen Unternehmer unterstützen wollen, die sich darin spezialisieren, Mitarbeiter für die Agora zu werben, die vom Staat verursachten Katastrophen behandeln möchten und die Etatisten innerhalb und außerhalb bekämpfen wollen, braucht es eine Richtschnur, um jene, die „etwas Wertvolles tun", von jenen, die nichts Konstruktives tun, und jenen, die in der Tat kontraproduktiv (also konterrevolutionär) für das Erreichen von mehr Freiheit sind, zu trennen. Und für jene wie dieser Autor, die für die Freiheit alles tun würden und ihr ihr Lebenswerk widmen wollen, ist eine Strategie notwendig. Es folgt also die neulibertäre Strategie.[35]

Der neulibertäre Aktivist muss bedenken, dass tatsächliche Verteidigung gegen den Staat unmöglich ist, bis die Gegenwirtschaft Syndikate von Schutzagenturen erzeugt hat, die genügend groß sind, um sich gegen die Reste des Staates zu verteidigen. Dies wird erst in der „Übergangsphase" zwischen dem dritten und vierten Schritt zurück vom Etatismus zum Agorismus eintreten (Kapitel III).

Jeder Schritt vom Etatismus zum Agorismus benötigt eine andere Strategie; Taktiken werden sich sogar innerhalb jedes Schritts unterscheiden. Es gibt einige Regeln, die auf alle Stufen anwendbar sind.

Unter allen Umständen rekrutiert und bildet man aus. Wenn Du auf typisch verwirrte einzelne Bekannte triffst, die gegenwirtschaftliche Handlungen erwägen, solltest Du diese dazu ermutigen, sie auszuführen. Wenn sie intelligent genug sind und sich wahrscheinlich nicht gegen Dich wenden, solltest Du die involvierten Risiken und die zu erwartenden Erträge erklären. Am allermeisten solltest Du sie, zu dem Ausmaß, zu dem Du sie darüber in Kenntnis setzen kannst, gemäß Deinem Beispiel bilden.

Alle „Bibliothekslibertären“, die Du kennst, jene, die eine theoretische Variante des Libertarismus ausführen, die Praxis aber meiden, sollten dazu ermuntert werden, das auszuführen, was sie predigen. Ihre Untätigkeit soll verhöhnt werden und ihre ersten hinkenden Schritte hin zur Gegenwirtschaft sollen gelobt werden. Mit ihnen soll mehr und mehr interagiert werden, sobald das Vertrauen mit ihrer Kompetenz und Erfahrung wächst.

Jene, die Du in der Gegenwirtschaft triffst, können in die libertäre Philosophie eingeweiht werden, jene mysteriöse Vorstellung, die Dich so glücklich und frei von Schuld macht. Lass es lässig fallen, wenn sie fehlendes Interesse vortäuschen; werde enthusiastisch, sobald sie neugieriger werden und mehr lernen möchten.

Halte zum Agorismus als Vorbild und in der Diskussion. Kontrolliere und programmiere Deine emotionalen Reaktionen darauf, dass Du Feindseligkeit gegen den Etatismus und die Abweichung an den Tag legst, und lege bei agoristischen Aktionen und bei Schlappen des Staates Enthusiasmus und Freude an den Tag. Die meisten dieser Taktiken werden mit der Routine kommen, aber man kann sich selber überprüfen, damit man einige Dinge verfeinern kann.

Schlussendlich sollten die eigenen Aktivitäten mit denen von anderen neulibertären Aktivisten koordiniert werden. Hiermit erreichen wir den Punkt, wo Gruppentaktiken und Organisation benötigt werden.

Viele ehrenwerte Libertäre behaupten, dass die Marktstrukturen von Unternehmen, Partnerschaften und Aktiengesellschaften[36] für alle benötigte oder erwünschte Organisation sorgen; außer vielleicht für persönliche Beziehungen und soziale Kontakte. Sie haben insofern recht, als alle Strukturen entweder marktkompatibel oder mit dem Agorismus unvereinbar sein müssen. Andererseits haben sie aber nicht genug Vorstellungskraft und sorgen sich eher um die Form als um die Substanz.

In einer agoristischen Gesellschaft werden die Arbeitsteilung und der Selbstrespekt jedes Arbeiter-Kapitalisten-Unternehmers möglicherweise die traditionelle Geschäftsorganisation eliminieren – vor allem die Unternehmenshierarchie, die eine Imitation des Staates und nicht des Marktes ist. Die meisten Unternehmen werden Vereinigungen von unabhängigen Auftragsnehmern, Beratern und anderen Betrieben sein. Viele werden vielleicht nur ein Unternehmer und all seine Dienste, Computer, Lieferanten und Kunden sein. Diese Art und Weise der Unternehmung existiert bereits und wächst in freieren Segmenten der westlichen Ökonomien.

Somit ist eine Vereinigung von Unternehmern der Freiheit zum Zwecke der Spezialisierung, Koordinierung und Zustellung von libertären Aktivitäten kein Missbrauch des Marktes und könnte durchaus optimal sein. Der traditionelle Name für die Zusammenarbeit von eigenständigen Einheiten zu einem Ziel und der anschließenden Auflösung ist „Allianz“. Somit ist die grundlegende Organisation für Neulibertäre Aktivisten die „Neulibertäre Allianz“.[37]

Die Organisation der NLA (oder NLAs) ist simpel und sollte vermeiden, sich in ein politisches Organ oder sogar in eine autoritäre Organisation zu verwandeln. Weniger sind Beamte benötigt, sondern vielmehr Taktiker (lokale Koordinatoren mit Kompetenzen in taktischer Planung) und Strategen (regionale Koordinatoren mit Kompetenzen in strategischem Denken). Ein neulibertärer Verbündeter folgt nicht einem Taktiker oder Strategen, sondern „kauft“ eher seine Argumente und sein Fachwissen. Jeder, der einen besseren Plan anbietet, kann den vorherigen Planer ersetzen. Taktiken und Strategien sollten von den Verbündeten wie jedes andere Gut in konsequenter agoristischer Art und Weise „ge- und verkauft“ werden.

Obwohl diese Bezeichnungen von der Militärgeschichte ausgeliehen sind und nicht einer Angriffsform entsprechen, darf nie vergessen werden, dass die tatsächliche physische Konfrontation mit den Strafvollstreckern des Staates warten muss, bis die Generation der Schutzagentursyndikate des Marktes genügend stark ist; alles andere ist verfrüht.[38]

Wie lauten die globale Strategie, die kontinentale Strategie und die lokalen Taktiken, die eine NLA im Optimalfall verfolgen sollte? Werfen wir wieder einen Blick auf die vier Schritte von – oder zur – Agora vom Etatismus. Die ersten drei sind eigentlich eher künstliche Unterteilungen; vom ersten zum zweiten zum dritten ereignet sich kein abrupter Wechsel. Es wird gezeigt werden, dass der Übergang vom dritten zum vierten Schritt sehr wahrscheinlich ziemlich schnell ablaufen wird, obwohl es von der Natur der Agora nicht verlangt wird; die Erschütterung wird eher von der Natur des Staates verursacht werden. In der Tat ist alle Gewalt, Unruhe, Instabilität und Erschütterung vom Staat verursacht – niemals von den Neulibertären geschürt.

Beachte als vermeintlicher Beschützer der Freiheit: Initiiere niemals eine gewaltsame Handlung, egal wie wahrscheinlich dir ein „libertäres" Resultat scheint. Wenn Du das tust, reduzierst Du Dich selber zu einem Etatisten. Für diese Regel gibt es keine Ausnahmen. Entweder bist Du grundsätzlich konsequent oder nicht. Ein Neulibertärer ist grundsätzlich konsequent, und einer, der nicht grundsätzlich konsequent ist, ist kein Neulibertärer.[39]

Indem man die neulibertäre Analyse anwendet, kann man vorhersagen, wie wahrscheinlich der Ausbruch der etatistischen Aggression ist, und man kann sie durch Aufdeckung abfangen oder sogar die Opfer beschützen oder evakuieren. Man kann auch die möglichen Folgen von Abweichungen von libertären Gruppen voraussagen und entweder die Abweichler und das Desaster abfangen oder für die Voraussicht Respekt für sich selber und potentielle Rekruten für den neuen Libertarismus gewinnen. Lassen wir den Staat den Waldbrand sein; die NLA ist die Brandwache, die weiß, wie es brennt, wie Feuersperren errichtet werden und wie die Winde der Veränderung ihn beeinflussen, wo die Funken hinfliegen, und schlussendlich, wie man ihn löscht.

Mit dem im Hinterkopf benennen wir die vier Phasen zur Agora und skizzieren die jeweils angemessene Strategie.

Phase 0: Keine agoristische Gesellschaft

In dieser Phase, die fast die gesamte menschliche Geschichte darstellt, existieren keine Agoristen, nur verstreute Libertäre und Protolibertäre, die über die Gegenwirtschaft nachdenken und sie praktizieren. In dem Moment, in dem jemand dieses Manifest liest und es anwenden möchte, haben wir uns zur nächsten Phase bewegt. Alles, was in der Phase 0 getan werden kann, ist die langsame Evolution des Bewusstseins, Entwicklung auf gut Glück und viele frustrierende Zwiespälte.

Bis Du – der erste Agorist in einer Phase-0-Situation – Leute rekrutiert hast, kann Deine einzige Strategie sein, die Anzahl zu erhöhen und selber gegenwirtschaftlich zu leben. Die beste Organisationsform ist eine Libertäre Allianz, in der Du die Mitglieder von politischer Aktivität wegsteuerst (wo sie blind nach einer Befreiung von der Unterdrückung suchen) und auf Bildung, Publizität, Rekrutierung und vielleicht antipolitische Werbung (zum Beispiel „Wähle niemanden“, „Keiner der genannten“, „Boykottiere die Abstimmung“, „Wähle nicht, das motiviert sie nur!“ und so weiter) fokussierst, um die libertäre Alternative zu propagieren. Eine LA bezieht bei Themen Position, in denen alle übereinstimmen, aber sie wird auf Einstimmigkeit bestehen. Nur die am klarsten libertären Positionen werden akzeptiert, und Du kannst bei einer abweichenden Position das Veto einlegen. Ermuntere immer die Tendenzen zu Positionen, die zum „harten Kern“ gehören (die konsequent sind), und verhöhne jene, die zum „weichen Kern“ gehören (die inkonsequent sind).

Phase 1: Agoristische Gesellschaft mit geringer Dichte

In dieser Phase gibt es erste gegenwirtschaftliche Libertäre, und es gibt erste erhebliche Spaltungen innerhalb der libertären Bewegung. Da noch nicht viele Libertäre konsequent sind, wird das Abweichlertum weit verbreitet sein und dazu tendieren, den Aktivismus zu überwältigen. „Werde-jetzt-frei“-Schemen von Anarchozionismus (zu einem Gelobten Land der Freiheit) zu politischem Opportunismus werden die ungeduldigen verführen und die unvollständig Informierten beeinflussen. Es wird alles scheitern, sei es auch nur wegen der Freiheit, welche von Individuum zu Individuum wächst.Eine Massenkonvertierung ist unmöglich. Es gibt eine Ausnahme – eine Radikalisierung durch einen staatlichen Angriff gegen ein Kollektiv. Selbst dann braucht es aber Unternehmer der Freiheit, die das verfolgte Kollektiv genügend informiert haben, damit sich dieses libertär verhält, anstatt sich zu verstreuen oder schlimmer, in machtlosen Etatismus zu fließen. Diese Krisen des Etatismus sind spontan und vorhersehbar – können aber nicht von moralischen, konsequenten Libertären verursacht werden.

Die Strategie der ersten Neulibertären ist es, die Antiprinzipien zu bekämpfen, die den Staat stärken und sinnlos anarchistische Energie verschwenden. Die grundlegende Strategie, die vorher skizziert wurde, kann angewandt werden; Libertäre müssen in die Gegenwirtschaft eingeführt werden, und die aktivsten Agoristen müssen Gegenwirtschaftler in den Libertarismus einführen.

Die Proto-neuen-Libertären können innerhalb von existierenden libertären Organisationen oder Klubs als „radikale Ausschüsse“ oder als eine generelle „Libertäre Linke“-Fraktion funktionieren. Eine NLA ist hier verfrüht, da sie noch nicht selbstversorgend ist.

Eine Bewegung der Libertären Linken kann – unter einer Bezeichnung, die am förderlichsten für die Rekrutierung ist – erfolgreich gebildet werden. Eine solche Bewegung ist selber eine Mixtur von Einzelpersonen mit unterschiedlich „hartem Kern“, aber sie tendieren oder bewegen sich zum Idealbild des neuen Libertarismus. Sogar innerhalb der BLL sollte kein Wert auf Struktur gelegt werden. Die meisten Neulibertären werden die kompetentesten Koordinatoren und Planer sein; das heißt, jene mit dem größten agoristischen Verständnis und der größten agoristischen Praxiserfahrung und mit der größten Begeisterung für die Tat werden natürlicherweise die Ressourcen leiten. Jeder BLLer, wie jeder NL-Verbündete, wendet soviel Geld auf, wie er oder sie kann, und entscheidet, ob er oder sie den Ratschlag und den Plan eines Taktikers oder eines Strategen akzeptieren will oder nicht, so wie es jeder Unternehmer mit jedem sachkundigen Berater macht. Einige pseudo-politische öffentliche Farbbekennungen sind möglicherweise nötig, um die öffentlichen Foren und den Medienanschluss zu benutzen; die meisten Leute werden Deine Marktorganisation auch nicht verstehen, wenn Du sie nicht in pseudo-politische Terminologie übersetzt, und umgekehrt.

Zu diesem Zeitpunkt, in den letzten Stufen der Phase 1 und mit einer genügend großen funktionierenden BLL, können diese komplett engagierten „Kader" ihren Einfluss anwenden, um die größeren Gruppen von halbkonvertierten Quasilibertären davon zu über zeugen, die unwesentlichen Handlungen des Staates abzublocken. Dies ist eine aufwendige, „Schneller Gewinn-", aber weitreichende Taktik und sollte rar sein. (Sie wird später behandelt, grundsätzlich geht es darum, Krieg und Massenvernichtung von Libertären abzuwehren.)

All diesen Aktivitäten folgt, dass man die Libertären radikalisieren und die NLA entwickeln muss. Das ist alles, was man erreichen kann.

Phase 2: Agoristische Gesellschaft mit mittlerer Dichte und mit kleiner Verdichtung.

Zu diesem Zeitpunkt werden die Etatisten den Agorismus beachten. Während die Libertären vorher von einer herrschenden Klasse zum Nachteil einer anderen manipuliert werden konnten (eine Art von „Antimarktwettbewerb", der mit Abstimmungszetteln und Gewehrkugeln anstatt mit Innovation und Preisschätzung geführt wird), werden sie langsam als Bedrohung wahrgenommen. Pogrome (Massenverhaftungen) könnten sogar stattfinden, obwohl das unwahrscheinlich ist. Es sei daran erinnert, dass Agoristen in den Rest der Gesellschaft eingebettet sind und den Umgang mit teilkonvertierten Libertären und Gegenwirtschaftlern pflegen. Um diese Phase zu erreichen, muss die gesamte Gesellschaft zu einem gewissen

Grad mit dem Agorismus kontaminiert sein. Somit ist es jetzt möglich, dass die ersten „Ghettos“ oder Bezirke von Agoristen auftreten und auf die Sympathie des Rests der Gesellschaft zählen, damit dieser den Staat von Massenangriffen abhält.[40]

Diese Gesellschaften, seien sie öffentlich oder im Untergrund, können jetzt die Neulibertäre Allianz stützen, die NLA tritt als Sprecher für die Agora mit der etatistischen Gesellschaft in Erscheinung, indem sie jede Chance nutzt, um die Überlegenheit der agoristischen Lebensweise gegenüber der etatistischen publik zu machen und möglicherweise Toleranz für jene mit einer „anderen Art und Weise“ zu fordern.[41]

In dieser Phase ist die agoristische Gesellschaft gegenüber etatistischer Regression der Bevölkerung verwundbar. Somit haben die Agoristen, egal ob sie sichtbar sind oder nicht, einen hohen Anreiz, das momentane Niveau des libertären Bewusstseins beim Rest der Bevölkerung aufrecht zu halten. Das wird am meisterhaftesten von der NLA gemacht (eine Art zu definieren, wer die NLA in dieser Phase ist), die NLA hat ihren Unterhalt und ihre Mission. Aber zusätzlich zum „Schutz“ der agoristischen Subgesellschaft kann sie auch dahin arbeiten, dass der nächste evolutionäre Schritt beschleunigt wird.

Phase 3: Agoristische Gesellschaft mit hoher Dichte und großer Verdichtung

In dieser Phase bewegt sich der Staat auf eine Serie von abschließenden Krisen zu, einigermaßen analog zum bekannten marxistischen Szenario, aber mit anderen Ursachen – in diesem Fall echten. Glücklicherweise wurde der potentielle Schaden drastisch verkleinert, indem die staatlichen Ressourcen untergraben wurden und indem die Autorität des Staates durch das Wachstum der Gegenwirtschaft korrodiert wurde.

Während sich die verfügbaren wirtschaftlichen Ressourcen der Agora denen des Staates annähern, wird der Staat in der Tat in eine Krise gedrängt. Kriege und steil ansteigende Inflation mit Depressionen und Zusammenbrüchen werden andauernd, wenn der Staat versucht, seine Autorität zu erlösen. Es ist möglich, dass sich sein Niedergang umkehrt, indem die Agora mit verlockenden Antiprinzipien korrumpiert wird, somit wird die erste Aufgabe der NLA klar: die Wachsamkeit und die Gedankenreinheit aufrechterhalten. In dieser Phase kann die NLA weder ihre Bezeichnung noch einen Großteil ihrer alten Form behalten. Die am meisten motivierten Neulibertären werden sich in die Forschung und die Entwicklungsversorgung für die sprießenden agoristischen Schutz- und Schlichtungsagenturen und schließlich in die Direktion der Schutzbetriebssyndikate begeben.

Die Situation nähert sich nun der Revolution, ist aber noch immer umkehrbar.[42] Wiederum sind die Neulibertären in der vordersten Reihe, um die Gewinne bis zu diesem Punkt aufrechtzuerhalten und zu beschützen, sie schauen aber auch nach vorne zur nächsten Phase.

Die NLA (jetzt nur ein kollektiver Begriff für die am zukunftsorientiertesten Elemente) kann den Prozess beschleunigen, indem sie die optimalen Methoden zur Beschützung und Verteidigung für ihre Industrie entdeckt und entwickelt, sowohl im Wort als auch in der Tat, und ihre Innovationen vertreiben.

In dieser Übergangsphase zwischen 3 und 4 haben wir die letzte Freisetzung von Gewalt durch die herrschende Klasse des Staates um jene Elemente zu unterdrücken, die sie für alle vergangenen Verbrechen des Staates vor Gericht bringen würden. Die Intellektuellen des Staates erkennen, dass seine Autorität gescheitert ist und alles verloren sein wird; die Dinge müssen jetzt oder nie umgekehrt werden. Die NLA muss verhindern, dass dieser Status verfrüht erkannt wird, oder sie muss verfrühte Handlungen aufgrund dieser Erkenntnis ausführen. Dies ist das finale strategische Ziel der NLA.

Wenn der Staat seine letzte Welle der Unterdrückung freilässt – und sie erfolgreich bekämpft wird –, dann ist das die Definition von Revolution. Sobald realisiert wurde, dass der Staat nicht mehr plündern kann und seine parasitische Klasse nicht mehr bezahlen kann, werden die Strafvollstrecker des Staates die Seiten zu jenen wechseln, die sie besser bezahlen können, und der Staat wird schnell in eine Serie – wenn überhaupt – von kleinen Nestern von Etatismus in rückständigen Gebieten implodieren.[43]

Phase 4: Agoristische Gesellschaft mit etatistischen Unreinheiten

Der Kollaps des Staates hinterlässt nur noch zu beendende Operationen. Da die Versicherungs- und Schutzunternehmen keinen Staat haben, gegen den sie verteidigen müssen, wird das Syndikat von alliierten Beschützern zu einem Wettbewerb kollabieren und die NLA – da ihr Unterstützung weg ist – löst sich auf. Festgenommene Etatisten müssen Restaurationszahlungen machen, und wenn sie lange genug leben, um ihre Schulden abzuladen, werden sie als produktive Unternehmer wiedereingegliedert (ihre „Schulung“ kommt automatisch, während sie ihre Schuld abarbeiten).

Wir sind zu Hause (Kapitel II)! Der neue Libertarismus wird als Basis des alltäglichen Lebens als selbstverständlich betrachtet, und wir packen andere Probleme an, denen die Menschheit gegenübersteht.

V. Aktion! Unsere Taktiken

Die vorherigen Kapitel haben einige Taktiken behandelt. Einige, die sich als produktiv für radikale Libertäre und die BLL erwiesen haben, sind unter anderem die Infiltrierung von weniger radikalen Gruppen und die Verursachung von Zersplitterung, indem Alternativen vorgeschlagen werden; die Konfrontation des Zwangs (oder der Abweichung) mit sichtbarem Protest und Ablehnung; tägliche Geschäftstüchtigkeit unter Freunden; libertäre soziale Treffen zum Austausch von Informationen, Gütern und Unterstützung und zum Errichten einer Protoagora; und natürlich Veröffentlichungen, öffentliche Reden, das Schreiben von Literatur mit agoristischen Botschaften[44] und aufklärerische Aktivitäten in vielen Formen: Lehrer, Wirtschaftsberater, Unterhalter, revisionistischer Historiker, agoristischer Ökonom, etc.

Erfolgreiche Taktiken können nur entdeckt und ausgeführt und weitergegeben werden. Jene, die genügend ähnliche zeitliche und örtliche Umstände zu anderen, bei denen eine Taktik funktionierte, annehmen, können sie benutzen. Aber alles mit einem Risiko; das ist es, was der Aktivismus ist, eine Art von Unternehmertum, eine Art von Raten, was der Markt tut und wie es um das Angebot und die Nachfrage steht. Man kann immer bessere und bessere Vermutungen anstellen; das ist es, was einen erfolgreichen Unternehmer ausmacht. Es ist alles in „Human Action“ von Ludwig von Mises, wenn Du es anwenden kannst.

Um herauszufinden, was versucht wurde und funktioniert hat oder gescheitert ist, braucht es Kommunikation. Wenn Du diese Seite erreicht hast und dem Bisherigen beigepflichtet hast, und das Verlangen hast, den Widerstand zu unterstützen, oder das brennende Bedürfnis hast, dem Zwang zu widerstehen, dann bist Du bereit für die existierende BLL oder die NLA, je nachdem, in welcher Phase wir uns befinden (Kapitel IV). Befreie Dich. Werde aktiv.

In welcher Phase befinden wir uns? Im Oktober 1980 (erste Auflage) ist der Großteil des Planeten Erde in der Phase 0. Die Britischen Inseln, Australien und Kanada haben sich wesentlich in Richtung der Phase 1 bewegt; Nordamerika ist in Phase 1. Nur in den höchsten heutigen libertären Konzentrationen, in Südkalifornien, gibt es erste Anzeichen von Phase 2. Wenn angenommen wird, dass sich diese Situation nicht umkehrt, bilden sich die ersten Tröpfchen von wirklich agoristischen Gesellschaften – Anarchodörfern – zur lebensfähigen Subgesellschaft.

Die Bewegung der Libertären Linken existiert nur in Kalifornien, mit einigen wenigen Kernen – Vertretern, Zellen – in Allianz. Die Neulibertäre Allianz, die zuvor verkündet wurde, erwies sich als verfrüht, und die NLA verbleibt als Embryo (oder Kern), bis die objektiven Umstände eintreten, um sie aufrechtzuerhalten.

Die BLL ist bereit für ihre Arbeit. Äußerlich hat der weltweite Kollaps der „Linken“[45] die Beschränkungen in den wettbewerbsfähigen Segmenten des Staates geschwächt, die zum Krieg drängen, um ihre unruhigen Opfer wieder mit Patriotismus zu verwirren. Die Ergreifung der verlassenen Führung der Bewegung gegen den Imperialismus, gegen den Krieg und gegen die Wehrpflicht mit einem frischen, kräftigenden ideologischen Rückhalt wurde zu einer Chance für Libertäre, die Linke zu werden. Die BLL muss mit parteiarchischen und monozentristischen Elementen um die Überlegenheit konkurrieren.[46]

Das Taumeln der amerikanischen Plutokratie am Rande einer galoppierenden Inflation zur Depression und zurück, in immer wilderen Schwingungen, hat viele apathische Geschäftsleute in Panik versetzt und ihr Bewusstsein jenseits der konservativen Gewissheit der Wiederherstellung der Stabilität angehoben, um radikale oder sogar revolutionäre Alternativen in Betracht zu ziehen. Nur die Libertäre Linke kann diese Unternehmer für eine „ideologische“, nichtpragmatische Position gewinnen. Darin liegen unsere Chancen.

Intern hat die „Libertäre“ Partei mit den amerikanischen Präsidentschaftswahlen von 1980 eine Krise erreicht. Die verfrühte Demaskierung des inhärenten Etatismus in der Parteiarchie vom eklatanten Opportunismus von Crane-Clark hat nicht nur zu einer Opposition von der Linken, sondern auch von der Rechten und von der Mitte geführt.[47] Große Treuebrüche passieren täglich.[48]

Die Unfähigkeit einiger reformistischer Elemente, den Kochtopus bei der Tagung in Denver (August 1981) zu vertreiben und die nicht Radikalisierten zurück in eine

Reihe zu bringen, würde die U.S.L.P. drastisch zurückwerfen und Tausende von desillusionierten Rekruten für die BLL und für antipolitische Bildungs- und Gegenwirtschaftsaktivitäten erzeugen.

Mit diesem Manifest als Ratgeber und Inspiration können die neulibertären Strategen und Taktiker die neulibertäre Strategie und die unter den Umständen angemessenen Taktiken erforschen, entwickeln, verbessern und ausführen. Es braucht viel Arbeit, aber die Projekte haben Konsequenzen, die keine banale Arbeit anbieten kann: ein Ende der Politik, der Besteuerung, der Wehrpflicht, der wirtschaftlichen Katastrophe, der unfreiwilligen Armut und des Massenmords der Kriegsführung im letzten Krieg – die Gesellschaft gegen unseren Feind, den Staat.

Die Gegenwirtschaft bietet sofortige Befriedigung für jene an, die etatistische Beschränkungen hinter sich lassen wollen. Der Libertarismus belohnt den Anwender, der sie mit mehr Selbstbefreiung und persönlicher Erfüllung als jede andere momentan ausdenkbare Alternative verfolgt. Aber nur der neue Libertarismus bietet eine Reformation der Gesellschaft zu einer moralischen, funktionierenden Lebensweise, ohne die Natur des Menschen zu ändern. Utopien sind vielleicht ausrangiert; wenigstens werfen wir einen flüchtigen Blick darauf, wie wir die Gesellschaft rundumerneuern können, um sie dem Menschen anzupassen und nicht den Menschen einer Gesellschaft anzupassen. Welche erträglichere Herausforderung könnte man anbieten?

Solltest Du den neulibertären Pfad gewählt haben, möchtest Du Dich uns vielleicht in unserem „Dreifachen-

A“-Eid und Schlachtruf – oder etwas ähnlichem – anschließen und ihn regelmäßig wiederholen:

„Wir bezeugen die Effizienz der Freiheit und jubeln der komplexen Schönheit von komplexem freiwilligem Tausch zu. Wir verlangen das Recht von jedem Ich, ohne Beschränkung bis auf die eines anderen Ichs seinen Wert zu maximieren. Wir rufen das Zeitalter des ungebundenen Marktes, des natürlichen und angemessenen Zustands für die Menschheit, des Reichtums in Fülle, der Ziele ohne Ende oder Beschränkungen, und den selbstbestimmten Sinn für alle aus: Agora.

Wir fordern alle heraus, die uns durch Bürgerschaft verpflichten wollen; als fehlender Beweis für unsere Aggression zerbrechen wir unsere Fesseln. Wir bringen Gerechtigkeit zu allen, die je irgendjemanden angegriffen haben. Wir geben jenen, die unter Unterdrückung gelitten haben, alles zurück, was ihnen gehört. Und wir zerstören für immer das Monster aller Zeitalter, das pseudolegitimierte Monopol an Zwang, in unserem Geist und in unserer Gesellschaft, den Beschützer der Angreifer und den Feind der Gerechtigkeit. Das heißt, wir zerschlagen den Staat: Anarchie.

Wir führen unsere Willen zu unseren persönlichen Grenzen aus, die nur durch konsequente Moral beschränkt werden. Wir kämpfen gegen Antiprinzipien, die unseren Willen erschöpfen würden, und bekämpfen alle, die uns körperlich herausfordern. Wir ruhen nicht und verschwenden keine Ressourcen, bis der Staat zerschmettert ist und die Menschheit ihre agoristische Heimat erreicht hat. Wir brennen mit einem unermüdlichen Verlangen nach sofortiger Gerechtigkeit und ewiger Freiheit, wir gewinnen: Aktion!

Agora, Anarchie, Aktion!“

Samuel Edward Konkin III, 12. Oktober 1980
Anarcho Village (Long Beach)

Teil 3: Geschichte der libertären Bewegung

Vor 1969

Vor dem Jahr 1969 gab es keine „organisierte" libertäre Bewegung. Im 19. Jahrhundert bildeten sich in Massachusetts Kreise um Lysander Spooners individualistischen Abolitionismus, gefolgt von Benjamin Tucker und seiner Zeitschrift „Liberty" (bitte nicht verwechseln mit der aus Seattle in den 1980ern und 90ern), die das schwarze Banner individualistischer Anarchie von 1870 bis 1907 hochhielten. In diesem Jahr wurde der gesamte Bestand früherer Ausgaben und Bücher verbrannt; Tucker verließ Amerika und führte in Frankreich ein verdecktes Leben bis zu seinem Tod im Jahre 1939.

Die Orgie des Etatismus kam mit dem Ersten Weltkrieg zu ihrem Höhepunkt und ebbte wieder ab. Randolph Burne prägte kurz vor seinem Tod 1918 das erinnerungswürdige Diktum „Krieg ist das Heil des Staates", die goldenen Zwanziger erlebten eine kurze Wiederbelebung der Freiheit. Die beiden größten Wortführer waren Albert Jay Nock und seine Zeitschrift „Freeman" (wo Suzanne La-Follette ihre ersten Sporen verdiente) zwischen 1920 und 1924, danach H.L. Mencken und sein „American Mercury“ in den späten 1920ern und durch die 30er Jahre bis zum zweiten etatistischen Orgasmus des Zweiten Weltkrieges.

Nocks Schüler, Frank Chodorov, zeichnete verantwortlich für die erste proto-libertäre studentische Organisation in den 1950ern, die „Intercollegiate Society of Individualists“ (die es immer noch gibt, sich jetzt aber „Intercollegiate Studies Institute“ nennt). Murray Rothbard, ein Fan von Chodorovs politischen Ansichten (sieht man davon ab, dass er mit Chodorovs georgistischer Abweichung von der „Landfrage“ nicht übereinstimmte), formte den „Circle Bastiat“ in den späten 1950ern, nachdem er aus William Buckleys „National Review“ ausgeschlossen wurde. (Buckley war selber ein Fan Nocks und beschrieb sich als „philosophischen Anarchisten“, bevor er sich selbst zur Inkarnation des modernen amerikanischen Konservatismus erklärte, nachdem er einen „wandelnden Traum“ gesehen habe.)

Robert LeFevre und Leonard Read entwickelten sich, wie Rothbard und Chodorov, aus der Allianz der „Alten Rechten“ gegen Franklin Delano Roosevelts New Deal-Kriegsmaschine; Anarchisten, ja sogar Sozialisten wie Norman Thomas fanden sich im großen „America First“-Kreuzzug gegen den US-Imperialismus zwischen 1939 und 1941 zusammen, mit nicht weniger als 80 Prozent der Menschen hinter ihnen ... bis Pearl Harbor.

LeFevre liebäugelte 1948 damit, für den Kongress zu kandidieren – zusammen mit Typen wie Richard Nixon – stellte aber bald fest, dass man keine Freiheitsbewegung aufbauen kann, ohne die Bürger Amerikas erstmal daran zu erinnern, was Freiheit ist, etwas, das sie in fünf

Jahrzehnten des Nonstop-Etatismus verloren hatten. Er gründete die „Freedom School“ in Colorado; ihre jungen Absolventen waren die ursprünglichen Aktivisten in der Studentenbewegung. Ältere Menschen besuchten Reads „Foundation for Economic Education“ („Stiftung für ökonomische Erziehung“) in Upstate New York.

Rothbard fühlte sich zu der wachsenden Studentenbewegung hingezogen und trat mit seiner kleinen Anhängerschar sogar den „Students for a Democratic Society“, SDS, bei. Er brach mit denjenigen Libertären, die sich immer noch an eine Allianz mit der den New Deal ablehnenden Rechten klammerten, indem er Barry Goldwater im Jahre 1964 opponierte und 1965 die Zeitschrift „Left & Right“ herauszugeben begann. Er nahm an Treffen der Neuen Linken teil, schrieb für das „Ramparts“-Magazin und schmiedete auf Zusammenkünften der „Freedom & Peace Party“ sogar Allianzen mit Maoisten gegen Sozialisten alter Schule.

LeFevres Studenten gründeten den „Libertarian American“ in Texas und den „Liberal Innovator“ (damals schlicht „Innovator“) in Kalifornien, strebten jedoch ebenfalls eine Allianz der Neuen Linken an, als Kerry Thornley Chefredakteur wurde. Der „Innovator“ verteilte 1964 Flugblätter an Delegierte Goldwaters auf der Versammlung der Republikaner im San Francisco Cow Palace. Er publizierte außerdem die ersten Artikel über Marktaktivitäten im Untergrund, die später als „Counter-Economics“ bekannt wurden. Leider Gottes gingen die Artikelschreiber des „Innovator“ in demselben Maße in den Untergrund, wie die libertäre Bewegung darüber förmlich explodierte.

Daniel Rosenthal, Sharon Presley, Tom McGivern und andere brachen mit der „Youth for Goldwater"-Kampagne, um die „Allianz libertärer Aktivisten" zu bilden, die erste explizit libertäre Aktivistengruppe gegen Ende 1964 an der Universität von Kalifornien in Berkeley. Unterdessen zog die frühere „Youth for Goldwater"-Gruppe von 1960, die sich auf Buckleys Wohnsitz in Sharon im Staate Connecticut reorganisiert hatte, weiterhin libertäre Studenten an, die von den anderen Gruppen größtenteils nichts wussten. Die neue Studentengruppe, „Young Americans for Freedom", hatte einen libertären Vorsitzenden, ihren Gründer Bob Schuchman, der das Etikett „Young Conservatives" ablehnte.

Deshalb fand sich die weitaus größere Gruppe von Hardcore-Campus-Aktivisten, die mit der Freiheit symphatisierten, 1969 auf der gegenüberliegenden Seite in der größten der „Neuen Linken" entgegengesetzen Vereinigung wieder – YAF – während die frühen libertären Aktivisten, die Rothbard und LeFevre folgten, meist auf seiten ersterer kämpften.

Ein Wort zu Ayn Rand.

Jerome Tuccilles Behauptung (in seinem Buch und anderswo), dass alles mit Ayn Rand begonnen habe, stimmte nicht, war aber bezeichnend. Tuccille selbst schloss sich Rothbard und anderen beim frühen Vor-St. Louis-Versuch an, eine libertäre Bewegung aus YAF und SDS-Gruppen zu bilden, die „Radical Libertarian Alliance" (RLA). Rand sprach sich aber gegen unabhängigen politischen Aktivismus aus, unterstützte stets nur republikanische Kandidaten (bis zurück zu Wendell Willkie) oder gar niemanden und wies Assoziierungen mit dem Libertarismus entschieden zurück.

Ihre Anhänger nannte sie „Schüler des Objektivismus“, die auf den Universitätscampi unabhängig operierten. (Zum Beispiel wurden circa 300 von ihnen an der Universtät von Wisconsin zwischen 1968 und 1970 „Comittee to Defend Individual Rights“ genannt, „Komitee zur Verteidigung individueller Rechte“, CDIR.) Aber es ist wahr, dass viele YAF-Mitglieder durch die Lektüre von Rands Schriften beeinflusst wurden; einige Gruppen in Pennsylvania und Maryland waren offene „Randisten“. Don Ernsberger und David Walters aus Pennsylvania formten zusammen mit Dana Rohrabacher und Bill Steele aus Kalifornien (LeFevristen) das libertäre Gremium innerhalb der YAF. David Nolan aus Colorado zufolge soll es frühere Versuche der Bildung eines libertären Ausschusses schon auf der davorliegenden nationalen YAF-Versammlung von 1967 gegeben haben.

Ein anderer Anhänger Rands, der zum frühen Libertarismus beitrug, war Jarrett B. Wollstein, der die „Students for Rational Individualism“ gründete sowie das Magazin „The Rational Individualist“. Zusammen mit Rothbards neuem „Libertarian“, dessen Titel er in „Libertarian Forum“ änderte, als er herausfand, dass er von einem obskuren Newsletter verwendet wurde, sowie LeFevres Zeitschrift „Rampart“, wurde der „Rational Individualist“ zur führenden libertären Publikation bis 1971. Von Rand außerdem beeinflusst war auch Lanny Friedlander, der ein Fanzine namens „Reason“ („Vernunft“) im Jahre 1968 startete.

Der Anarcho-Objektivist Roy Childs schrieb für RI und das „Rampart Journal". Childs schrieb einen „Offenen Brief an Ayn Rand", auf den er keine andere Antwort erhielt als die übliche Kopfspülung wegen Infragestellung ihrer Ideologie. Aber das unbeantwortete Argument des Briefes, Objektivismus führe zwangsläufig zu freimarktwirtschaftlicher Anarchie, schuf eine Leiterbahn für viele Übertritte zum Libertarismus wie zum Beispiel demjenigen des Philosophen und Freundes von Childs, George H. Smith.

1968 brach Ayn Rand mit ihrem Chefjünger, Nathaniel Branden, der ihre Aktivisten-Organisation geleitet hatte, das „Nathaniel Branden Institute" oder NBI. Ex-Objektivisten füllten die Ränge von YAF und SRI.

Gegen Ende 1968 wagte sich Rothbard zusammen mit Anarchokommunist Murray Boochkin an den Versuch eines links-rechts-anarchistischen Dinner-Clubs in New York, der zwei Treffen überdauerte. Rothbard wurde vom ehemaligen Redenschreiber Barry Goldwaters, Karl Hess, im „Libertären Forum" und im SDS-Aktivismus unterstützt. Hess ging sogar soweit, den „Black Panthers" beizutreten; sein Anfang 1969 im „Playboy" erschienener Artikel „The Death of Politics" wurde in puncto erfolgreicher Mitgliederwerbung zwecks Füllung der Ränge der pränatalen libertären Bewegung nur noch von Robert A. Heinleins Roman „The Moon is A Harsh Mistress" (deutscher Titel „Revolte auf Luna", im Englischen zwischen 1967 und 1968 als Serie veröffentlicht) übertroffen, in dem eine überaus erfolgreiche libertäre Revolution auf dem Mond geschildert wird.

1969-1974

Wenn die libertäre Bewegung so etwas wie eine goldene Ära hatte, verlief sie ungefähr vom August 1969 bis zum August 1974. Die SDS-Versammlungen spalteten sich in mehrere Zweige und stießen die Anarchisten aus, bevor die anderen Delegierten überhaupt eintrafen. Die „Young Americans for Freedom" (YAF) begannen im Juli, sich von rassistischen und Randischen Gruppen zu reinigen, und beide Seiten, Libertäre und Traditionalisten oder „Trads", „staffierten" ihre Abteilungen mit Mitgliedern aus, um die Delegiertenzahl in St. Louis für die Nationalversammlung während des Labor-Day-Wochenendes zu maximieren. Den Libertären assistierte die am selben Wochenende ebenfalls in St. Louis stattfindende „World Science Fiction Convention" und ihre Zahl an Heinlein-Fans, die teilnehmen könnten und bereit wären, Delegiertenstatus zu akzeptieren.

Die bereits an der Macht befindlichen Trads waren erfolgreich darin, die meisten der libertären Delegierten ihrer Referenzen zu berauben, aber ungefähr 200 Hardcore-Libertäre behielten ihren Abgeordnetenstatus, und viele, die als Trad-Unterstützer gekommen waren (wie zum Beispiel der Gründer und Herausgeber des „New Libertarian") wechselten ins libertäre Gremium, als sie der repressiven Behandlung durch die autoritären Trads gewahr wurden. Außerdem agitierten der kleine, anarchistische Vorstand von RLA sowie das „Student Libertarian Action

Movement“, abgekürzt „SLAM“. Das AC kam auf eine Spitzenzahl von ungefähr 30 Delegierten und schaffte es nicht weiter als bis zum selbsternannten „philosophischen Anarchisten“ Michael Ingallinera. Karl Hess leitete eine Kundgebung unter dem berühmten „Gateway Arch“ von St. Louis, die von der Polizei aufgelöst wurde.

Dana Rohrabacher, der „Johnny Graswurzel“ des libertären Ausschusses, bekam nicht mehr als 220 Stimmen und war der beliebteste unter den Reinstlibertären. Harvey Hukari aus Stanford, unabhängig sowohl von der Trad-Kandidatenliste des „National Office“ als auch dem LC auftretend, schnitt etwas besser ab, konnte aber auch nicht gewinnen. Auf der anderen Seite erhielt James Farley, der behauptete, als Libertärer für die NO zu kandidieren, die höchste Stimmenzahl (circa 500 von 800). Samuel Edward Konkin III, ein Delegierter aus Wisconsin, musste zusammen mit seinem anarchistischen Freund Tony Warnock (von beiden wurde zutreffend vermutet, sie seien von Rohrabacher und Rothbard vereinnahmt worden) feststellen, dass sie während eines verspäteten Frühstücks durch Alternativen ersetzt wurden, obwohl sie mehr als eine Stunde vor der Verkündung der Ergebnisse für ihre Staaten zurückkehrten.

Der spektakulärste Moment auf der YAF-Versammlung in St. Louis im Jahre 1969 war derjenige, als ein AC-Mitglied eine Kopie seines Einberufungsbescheids vor laufenden TV-Kameras in Brand steckte und dafür von YAF-Trads in Football-Manier angegangen wurde. Libertäre versuchten, eine Verteidigungslinie aufzubauen; die resultierende physische Schlacht radikalisierte eine

Menge libertär-konservativer „Fusionisten". Obwohl einige, so wie Jared Lobdell, Libertäre durch Aufnahme eines ausdrucksstarken Anti-Einberufungs-Minoritäten-Programmpunktes zu besänftigen versuchten und der Vorsitzende, David Keene, an beide Seiten appellierte, Eintracht zu zeigen, setzten sich die Säuberungsaktionen nach der Versammlung fort.

In diesem Herbst verschmolzen das Libertäre Gremium und die Studenten für rationalen Individualismus um Ernsberger/Walters sowie Wollstein/Childs zu den „Students for Individual Liberty" („Studenten für individuelle Freiheit"), beide mit Sitz in Pennsylvania und Maryland. Rohrabacher und Steele gründeten nach ihrem Rauswurf die „California Libertarian Alliance" und kündigten zu Beginn des Jahres 1970 eine Großversammlung an. Rothbard und Hess legten einen Frühstart mit der Links-rechts-Konferenz im Hotel Diplomat im Oktober 1969 hin (am Wochenende des Columbus Day).

Die RLA-Konferenz zog zwar Individualisten der „Neuen Linken" an sowie ehemalige YAF-Anarchisten, aber die Freimarktwirtschaftler hörten Rothbard und seinen Brüdern des „Circle Bastiat" zu, Leonard Liggio und Joseph Peden, die Ökonomie und revisionistische Geschichte diskutierten, während Hess ein Kontingent anführte, um sich dem Marsch der Neuen Linken auf Fort Dix anzuschließen. Als letzterer mit FBI-Agenten an den Fersen zurückkehrte, kollabierte die RLA und Rothbard schlug nach rechts aus.

Im Februar 1970 trat die „Libertarian Alliance" Kaliforniens, unterstützt durch Riqui und Seymour Leon aus

LeFevres umgezogenem „Rampart Institute“ (in Santa Ana, Kalifornien) als Gastgeber des „Left-Right-Festival of Mind Liberation“ („Links-rechts-Festival zur Befreiung des Geistes“) beim USC auf. Fast 500 Aktivisten kamen herbei, um LeFevre, dem ehemaligen Präsidenten des SDS, Carl Oglesby, Hess, Rohrabacher, SEK3 [Samuel Edward Konkin III., Anm. d. Übersetzers] sowie den meisten der früheren Aktivisten zuzuhören. Die Berichterstattung der Presse über Libertäre (wie diejenige über die Konservativen in der „LA Free Press“) wuchs, kulminierend im Farbcover des Magazins der „New York Times“ 1971 (siehe unten).

Libertäre Allianzen und SIL-Gruppen breiteten sich im Verlauf des Jahres 1970 auf allen größeren Campi aus. Die libertäre Madison-, Wisconsin- und UW-Allianz pflanzte Abteilungen in benachbarte High Schools und gründete den Newsletter „Laissez Faire“. Seine fünf Ausgaben bildeten die erste Textsammlung des späteren „New Libertarian“. Während der Mai-Demonstrationen gegen den Einsatz in Kambodscha versammelte die UWLA frühere YAFers und YIPpies, wofür sie sowohl von der Nationalgarde mit Tränengas angegriffen wurde als auch von Schwergewichten der „Maoist Progressive Labor“.

Während des Sommers 1970 knüpfte SEK3 Kontakte mit Libertären der Ostküste und brachte zwei Studenten aus Columbia, Stan Lehr und Lou Rossetto (heute Herausgeber von „Wired“) in die Bewegung. Sie bildeten die „Columbia Freedom Conspiracy“. SEK3 zog nach New York um, gründete die „NYU Libertarian Alliance“, änderte den Namen des Newsletters in „NYU/New Libertarian

Notes“ (als ironische Hommage an die „New Left Notes“) und rekrutierte die meisten Mitglieder der „NYU Science Fiction Society“ als Kerngruppe der NYULA. Schnell LA-Gruppen auf anderen Campi gründend, schuf er die „New York Libertarian Alliance“, aber aus Hochachtung vor der älteren Gruppe, gebildet aus dem objektivistischen „Metropolitan Young Republican Club“ (MYRC), von Gary Greenberg auch „New York Libertarian Association“ genannt, wurde NYLA als Name nur selten öffentlich benutzt, um ihn letzterer zu überlassen. NYLA war Teil der SIL, während die „Libertäre Allianz“ stark mit der kalifornischen LA identfiziert wurde.

NYLA und die New Yorker LA arbeiteten auf libertären Konferenzen wie zum Beispiel der „Columbia Libertarian Conference“ der „Freedom Conspiracy“ 1971 zusammen, wo Milton Friedman von SEK3 konfrontiert wurde bezüglich seiner Rechtfertigung der beschlagnahmenden Eigenschaft der Einkommenssteuer. Friedmans Befürwortung des „Kredits“ unter der Ausrede, er sei zum Austragen des Zweiten Weltkrieges nötig gewesen (was von den meisten der dortigen revisionistischen Libertären in Frage gestellt wurde) diskreditierte ihn und seine „Chicagoer Schule“ quer durch die gesamte libertäre Bewegung und verhalf Ludwig von Mises‘ (und Murray Rothbards) Österreichischer Schule der Nationalökonomie zu einer Frontstellung in der Theorie des freien Marktes. NYULA wohnte Treffen der um Mises gebildeten Zirkel der NYU bei, und Mises war Ehrengast der nachfolgenden libertären Ostküsten-Konferenzen, die von den SIL auf dem Drexel-Campus in Pennsylvania veranstaltet wurden.

Um 1972 hatten sich die „Libertarian Notes“ der NYU von einem einfachen Fanzine zu einem schriftgesetzten semiprofessionellen Magazin entwickelt; wegen des seltener werdenden Erscheinens des „Radical Individualist“ (heute nur „The Individualist“) wurde es zur größten „fraktionsübergreifenden“ Publikation mit dem Credo: „Jeder, der in dieser Publikation erscheint, ist anderer Meinung.“ Immer noch einflussreich waren die „Notes“ der SIL, aber auch sie begannen, Ausgaben auszulassen. In New York wurde der „Abolitionist“ des RLA zum „Outlook“ erweitert, auch als die RLA ihren Namen in „Citizens for a Restructured Republic“ („Bürger für eine restrukturierte Republik“, CRR) änderte und sich von Weatherman-Taktiken hinsichtlich der Bildung von Allianzen in der Wählerschaft verabschiedete. Rothbard bat um Unterstützung für Mark Hatfield oder William Proxmire als Antikriegs-Kandidaten, aber als sie ausschieden, versuchte er die Unterstützung für George McGovern zu behindern.

An der Westküste veröffentlichten Rohrabacher, Leon und LeFevre zwei Ausgaben von „Pine Tree“, aus dem das „Rap“-Magazin wurde. Wie üblich waren die kalifornischen Libertären viel zu weit voraus und hip für den Rest der Bewegung oder den Markt. Äußerst ambitioniert versuchte Leon Kaspersky, eine monatliche libertäre Boulevardzeitung zu streuen, „Protos“, gab dann aber auf. Alle scheiterten innerhalb eines Jahres. Der früheste Versuch, einen libertären Buchladen aufzubauen, wurde von Berl Hubbel in Long Beach unternommen, den prophetischerweise so genannten „Agora Black Market Bookstore“.

Lanny Friedlander aus Massachusetts verkaufte „Reason“ an den Minarchisten (ein Begriff, der von SEK3 1970 geprägt wurde und im Jahre 1972 in „Newsweek“ auftauchte) Robert Poole sowie den Anarchisten Manny Klausner, die, zusammen mit dem objektivistischen Philosophen Tibor Machan, nach Kalifornien zogen und unermüdlich weiter nach rechts rückten, bis sie irgendwann gänzlich aus der libertären Bewegung fielen. Die Publikation erreichte die höchste Auflagenzahl von allen sich selbst libertär nennenden Veröffentlichungen – circa 10.000 – und wuchs weiter, als sie sich dem Neokonservatismus anschloss; danach folgte Robert Kepharts „Libertarian Review“ mit einer Spitzenauflage von 7.000 unter der nachfolgenden Eigentümerschaft durch Charles Koch und kontrolliert von Ed Crane.

Im Jahre 1971 veröffentlichte die „New York Times“ ihre Titelgeschichte über Rossetto & Lehr aus Columbia. 1972 bezog sich Edith Efron in einem TV-Programmheft auf den Libertarismus als dritte Position, die vom Liberalismus und Konservatismus zu unterscheiden wäre.

Die mediale Aufmerksamkeit für Libertäre sank aufgrund einer neuen Organisation, die zu Beginn des Jahres 1972 auf der Bildfläche erschien – sehr zum allgemeinen Ärger der hochgradig anti-politischen und sogar revolutionären libertären Bewegung, nämlich die „Libertarian Party“ oder LP. Zu jedermanns Verwunderung – inklusive der wenigen LP-Unterstützer – gewann sie eine Nominierung für ihren Präsidentschaftskandidaten John Hospers sowie die Kandidatin für das Amt des Vizepräsidenten, Toni Nathan – die erste Frau, die eine Nominierung erhielt. Als

Belohnung für seine Abtrünnigkeit gegenüber Virginias ganz auf Nixon eingeschworener College-Wahldelegation wurde die LP-Nominierung 1976 dann Roger McBride zugesprochen, der die Partei daraufhin beinahe in völliger Obskurität versinken ließ. Im Oktober 1972 debattierten Samuel Edward Konkin III und LP-Gründer David Nolan über die Moralität des Wählens in den „New Libertarian Notes“.

Als wirklich entscheidende Wahl sollte sich die New Yorker Bürgermeisterwahl von 1973 herausstellen; SEK3 und die LA hatten übereingestimmt, der „Free Libertarian Party of New York“ beizutreten, obgleich sie explizit darauf drängten, die LP zu zerstören; SEK3 gewann die Wahl in das ausführende Komitee und baute prompt eine Koalition aus Upstate-Minarchisten und Manhattan-Radikalen auf, die den „Anarchisten“ aus New York City an Stärke ebenbürtig war; letztere waren zwar gewillt, in Opposition zum Staat zu treten, hielten Parteipolitik aber für eine dufte Idee: Parteiarchisten („Partyarchs“, ein ebenfalls von SEK3 in „NLN“ geprägter Begriff). Die einzige Kampagne, an der sich alle beteiligten, war die für Fran Youngstein als Bürgermeister. Unglücklicherweise fühlte sich Murray Rothbard zu Youngstein hingezogen, wodurch seine höhnische Opposition zur LP endete (er unterstützte Nixon 72, ebenso wie Rand). Die „NLN“-Anarchisten, die in den meisten Fragen Rothbardisten waren, aber an die anti-politische Position der kalifornischen „Libertarian Alliance“ (LeFevre) als konsistenteste hielten, sahen sich zur Spaltung gewzungen und verließen die FLP-Versammlung im Jahre 1974 – just als ihre Koalitionspartner an Kontrolle gewannen, was zu einer Pattsituation führte. Wie dem auch sei, es gewannen genug Leute auf der „Dallas National"-Versammlung der LP Delegiertenstatus, um eine Allianz mit den moderaten Reformern von E. Scott Royce einzugehen, der gegen Edward H. Crane III und das Nolansche „National Office" antrat.

Nach Royces Niederlage erschuf Crane eine autoritäre Maschine und fegte verschiedene Newsletter wegen Symphatien für SEK3 und das „radikale Gremium" aus. Diejenigen LAler vom Campus, die der LP und denjenigen LPlern widerstanden, die außerhalb der Partei als eine Art wiederbelebte SLAM arbeiteten, riefen nun nach einer neuen libertären Allianz, die im Jahre 1974 nach Dallas ausgerufen wurde. Als sich die Parteiarchisten für die Kongresswahlen von 1974 startklar machten (die nichts produzierten), tauchte die NLA auf, nur um ... in den Untergrund zu gehen. SEK3s Antwort auf „Politik durch Wählen" bestand darin, das Zahlen von Steuern zu verweigern, damit aufzuhören, Regulierungen zu gehorchen oder sein Blut in welcher Weise auch immer dem Staatsvampir zu opfern – „Counter-Economics", kombiniert mit libertärer Theorie. Mit anderen Worten, politisch aufgeklärte Schwarzmarktler oder Agoristen.

1975-1980

An der Erdoberfläche blieb die Partei mit dem Bodensatz und den Umfallern der libertären Bewegung zurück; im Untergrund baute die NLA ihre Gegenwirtschaft auf. Aber im Jahre 1975 kam noch ein anderer Faktor ins Spiel: die atemberaubenden Reichtümer von Charles und David Koch und des von ihnen bestückten Cato-Instituts. Ed Crane, der in der LP bereits die Kontrolle hatte, wurde Vorsitzender von Cato und Geldmittelverteiler. In San Francisco wurde ein Bürokomplex errichtet; Cato kaufte die Zeitschrift „Libertarian Review" von Kephart und behielt Roy Childs als Herausgeber, heuerte aber Jeff Riggenbach an, um sie am Laufen zu halten. Riggenbach schrieb außerdem für die „NL". Die „New Libertarian Notes" hatten einen weiten Weg zurückgelegt; man brachte ein Interview in Serie heraus, das J. Neil Schulman mit Robert A. Heinlein geführt hatte, die erste Veröffentlichung dieser Art seit Jahrzehnten.

Die Auflage der „NLN" stieg und erreichte fast die Marke von 1.000 auf der „World Science Fiction Convention" 1974 in Washington, D.C, zusammen mit der letzten Folge des Heinlein-Interviews. 1975 gab SEK3 die Ostküste auf und begab sich zusammen mit dem härtesten Kern (mit Ausnahme von John Pachak, dem langjährigen Layout-Designer) in einem Toyota auf seine legendäre dreiwöchige Reise durch die USA, um nach Los Angeles umzuziehen.

Zwischen Dezember 1976 und Januar 1978 gab SEK3 mit denen, die ihm aus New York gefolgt waren (Andy Thornton, J. Neil Schulman, Bob Cohen) sowie Südkaliforniern wie Victor Koman und Chris Schaefer „New Libertarian Weekly“ heraus – die Zeitung brachte es auf 101 Ausgaben, bevor man wieder auf monatliches und noch selteneres Erscheinen umstellte. Ironischerweise verausgabte sich die Publikation mit der besten Historie regelmäßigen und pünktlichen Erscheinens (sogar besser als „Reason“, die ja schon früh in ihrer Geschichte mehrere Ausgaben verzögert und übersprungen hatte) durch die wöchentliche Produktion und kehrte nie wieder zu dieser Regelmäßigkeit pünktlichen Publizierens zurück. Während dieser Zeit wurde „NL“ nicht nur zur vorherrschenden Publikation von anti-parteipolitischen Libertären sowie das „Leib- und Magenblatt“ der Bewegung, sondern nahm auch den Fehdehandschuh gegen „Monozentrismus“ auf, die Monopolisierung der libertären Bewegung durch die Macht und das Geld Kochs, den legendären „Kochtopus“.

Gerade als „NLW“ bezüglich der Frequenz seines Erscheinens eindampfte und sich nur noch „New Libertarian Magazine“ nannte, brach Rothbard mit dem Kochtopus. Die Beziehungen zwischen MNR und SEK3 waren 1977 auf dem Maximum ihrer Anspannung, als Rothbard sich dem Kochtopus anschloss und nach San Francisco zog. Rothbard galt als „Darth Vader“ der Bewegung („Star Wars“ war gerade erst herausgekommen). Rothbard schlug zurück, indem er die „Weltraumkadetten“ der an der Sciencefiction orientierten Libertären angriff, woraufhin er selber innerhalb der LP von „Space Cadets“ attakkiert wurde, die seine Fraktion „Vielfraße“ nannten. Aber Rothbard hatte ein Zerwürfnis mit Crane während der 1980er-„Clark for President“-Kampagne, seine „Anteile“ an Cato wurden von den anderen Vorstandsmitgliedern konfisziert. „Nl“ unterstützte Rothbard prompt in seiner Anklage – „Sie haben meine Anteile gestohlen“ – und die Beziehungen waren größtenteils wieder heile.

Edward Clark und sein Mitbewerber um das Amt als Vizepräsident, David Koch, erhielten die größte Stimmenzahl in der Geschichte der LP (fast 900.000), allerdings zu einem unglaublichen Preis pro Stimme. Und die paar Tausend Stimmen, die Hospers 1972 erreichte, hatten ihm zumindest eine Nominierung durch die Wählerschaft gebracht. Der lange Abstieg der LP begann (Hospers selbst richtete sich dann gegen die LP).

1981-1990

Mit Rothbards Widerstand gegen den Kochtopus entglitt Crane die Kontrolle schnell. Die „Students for a Libertarian Society" („Studenten für eine libertäre Gesellschaft") kollabierten zügig, und ihr handverlesener Anführer, Milton Mueller, verließ die Bewegung. Catos Versuch, die Linksliberalen mittels des „Inquiry Magazine" zu erreichen, stagnierte auflagenmäßig und wurde mit der „Libertarian Review" kombiniert, die eine Auflage von 5.000 Stück allerdings nicht zu knacken vermochte. Auf der LP-Nationalversammlung 1983 verlor Crane einen Kampf mit der vereinigten Rechts-Zentrum-Koalition, die David Berglan, einen Apparatschik des Staates Kalifornien, gegen Earl Ravenal antreten ließ, ein ehemaliges CFR-Mitglied, der sich zum milden Isolationisten wandelte. Kochs Geldspritzen für die 1984er-Wahl versiegten, Ed Crane wandte sich gegen die Libertäre Partei.

1985, auf der „Libertarian International Convention" im norwegischen Oslo, diskutierten Crane und Konkin die Validität der Libertären Partei für Libertäre. Nach SEK3s gründlicher Destruktion stand Crane auf und weigerte sich, die Partei zu verteidigen, wobei er sogar Konkin die Hand schüttelte. Leider Gottes rückte Crane nach rechts.

Auch Rothbard verlor das Interesse an der Libertären Partei, da niemand mehr da war, der konsequent um sie hätte kämpfen können. Es wurde ein dürftiger Versuch unternommen, Rothbards Kandidaten, einen republikanischen Abgeordneten aus Texas, Ron Paul, davon abzuhalten, die Nominierung 1988 zu gewinnen, lanciert hauptsächlich von der „Association for Libertarian Feminists“ („Vereinigung für libertäre Feministen“, ALF), die ihm in puncto Abtreibung heftig widersprachen. Als Pauls Zustimmung weiter sank – von Clarks hohen Werten aus gesehen – gab Rothbard den „linken“ Libertären (offensichtlich immer noch in der LP) sowie „Luftmenschen“ ohne sichtbare Form der Unterstützung (Agoristen und anderen Gegenwirtschaftlern?) die Schuld und verließ die Partei. Zusammen mit Llewellyn Rockwell gründete Rothbard das Ludwig-von-Mises-Institut und kündigte eine Allianz mit Thomas Fleming vom Rockford-Institut und seinen Paläokonservativen als Versuch an, die „Alte Rechte“ wiederzubeleben.

Während die LP Schisma für Schisma zerbröselte, spross die „New Libertarian Alliance“ in oberirdische Entitäten. 1978 bildete sich aus übriggebliebenen oberirdischen Aktivisten die Bewegung der Libertären Linken, um die Allianz, die Rothbard und Oglesby zwischen der „Neuen Linken“ und den Libertären gegen Auslandsinterventionismus oder Imperialismus begonnen hatten, wiederherzustellen und weiterzuführen. MLLs interner Newsletter hieß „Tactics of the MLL“; man startete nach der lange verzögerten Veröffentlichung von SEK3s „Manifest der neuen Libertären“ außerdem eine theoretische Zeitschrift. Die Antworten von Rothbard, LeFevre, Anti-Wähler/Anti-Aktivist Erwin „Dreckiger Pierre“ Strauss sowie Konkin wurden zur Basis der Strategie der Neuen Libertären Allianz Nr. 1. SNLA Nr. 2 setzte SEK3s „Agorismus vs. Marxismus“ in Serie um sowie George Smiths Kritik an Rothbards „leninistischem“ Libertarismus. Innerhalb eines Jahrzehnts war Rothbard nach rechts ausgeschlagen und die Berliner Mauer gefallen (der Agorismus hatte es in die osteuropäischen, marxistischen Zeitschriften geschafft und wurde in den frühen 1980ern heftig diskutiert).

Am 31. Dezember 1984 – an diesem symbolischen Datum – wurde das „Agoristische Institut“ gegründet, mit dem Logo der „Spitze des Eisbergs“. 1985 wurde MLL an Victor Koman und Mike Gunderloy übergeben, während SEK3, J. Kent Hastings und John Strang sich auf das AI konzentrierten. Der „New Isolationist“-Newsletter verband die herausgeberischen Fertigkeiten und Schriften von Konkin und Royce mit Alexander Cockburn und Noam Chomsky von der „Neuen Linken“, Thomas Fleming und Charles Reese von der „Alten Rechten“ und vielen anderen Non-Interventionisten.

Unterdessen brachte der „New Libertarian“ 1990 seine lang erwartete Zeitkapsel der neuen Generation von Sciencefiction-Autoren der 1980er heraus. Die Dreifach-Ausgabe – die erste mit einem Farbcover – mutierte zu einem Tribut an Robert A. Heinlein, der gerade gestorben war. Unter den Beitragenden befanden sich Robert Anton Wilson, Robert Shea, Victor Koman, Brad Linaweaver, L. Neil Smith, J. Neil Schulman, Oyvind Myhre aus Norwegen und Chris Chaefer mit einer Arbeit über die auf Heinleins Schriften basierenden Filme. Libertäre Sciencefiction-Fans (Frefen) hatten ihre Partys in den späten 1980ern in „Heinleinfeiern“ verwandelt, was im größten internationalen Treffen libertärer Schriftsteller in Den

Haag während des „Bank Holiday" im späten August kulminierte, als die ganz der Sciencefiction gewidmete Dreifach-Ausgabe des „NL" ihre Premiere feierte. Endgültige Kopien waren bis zum am darauffolgenden Wochenende stattfindenden NASFiC in San Diego nicht verfügbar.

Die Libertäre Partei war in dermaßen schlechter Form, dass SEK3 in der vorausgegangenen Ausgabe von „NL" zu einem Waffenstillstand sowie einer Neuausrichtung der Energien aufforderte; mit dem Fall der Berliner Mauer gingen führende Libertäre „in Rente", um für ein paar Jahre ein persönliches Leben zu führen.

1991 bis heute

„Reason“ hatte sich in den 1970ern weiter und weiter vom Mainstream-, ganz zu schweigen vom Radikallibertarismus entfernt, so dass 1985 nur noch die „Libertarian Review“ sowie der „New Libertarian“ mit einer Auflage von über 1.000 übrigblieben. Als „LR“ und „Inquiry“ eingestellt wurden, blieb „NL“ nicht alleine zurück. Bill Bradford, ein lebenslanger Abonnent des „NL“, gründete sein eigenes zentristisches libertäres Magazin, „Liberty“. Um es abzukürzen: Es war gesamtheitlich ausgerichtet, warf Rothbard und Konkin aber bald raus (Bradford gab der von ihm selbst geschaffenen Chefredaktion die Schuld dafür), positionierte sich zwischen Agorismus/gesamtheitlicher „NL“, dem paläolibertären „Rothbard-Rockwell-Report“ und dem neokonservativen „Reason“. 1991 überschritt „Reason“ unter seiner neuen Herausgeberin Virginia Postrel den Rubikon und wurde zur wohl einzigen Publikation, die trotz ihrer Unterstützung des Golfkrieges von manchen das Prädikat „libertär“ verliehen bekam. Selbst die ehemaligen Herausgeber, Robert Poole und Catos Ed Crane opponierten dem nackten imperialistischen Manöver.

Als die Agoristen 1994 zum Aktivismus zurückkehrten, fanden sie eine veränderte Bewegung vor – aber keine so siegreiche, wie sie eigentlich angenommen hatten. „Liberty“ wärmte den Objektivismus und Ayn Rands Leben gebetsmühlenartig wieder auf mit geistlosen, spöttischen

Angriffen feiger nom-de-plume „Chester Alan Arthur"-Substitute für politische (oder anti-politische) Analysen; die Libertäre Partei schickte einen ausgemachten Halunken und Parteispendenveruntreuer namens Andre Marrou ins Präsidentschaftsrennen im Jahre 1992; Jeff Friedman gab ein „theoretisches Journal" heraus und behauptete, Libertarismus basiere auf Egalitarismus (einer von Murray Rothbards Essay- und Buchtiteln lautete „Egalitarismus als Revolte gegen die Natur") und verwurstete ein paar Brocken Dekonstruktivismus, Postmodernismus, ja sogar Liberalismus; und fast alle Fraktionen kuschelten sich an die bereits siegreiche und verächtlich etatistische Rechte, statt die demoralisierte, desozialisierte Linke unter dem libertären (schwarzen) Banner zu vereinen. „Reason" hatte sich vom Libertarismus komplett verabschiedet, ebenso wie die Vernunft.

Auf die Forderung von Chris Hitchens und Alex Cockburn nach einer wiederbelebten „New Left/Libertarian"-Allianz auf CSPAN und in linken Publikationen antworteten SEK3 und das wiederbelebte MLL positiv – mit einem Pamphlet namens „Was ist links?" und anschließenden Treffen des Karl-Hess-Clubs (Nachfolger des anti-parteisystemischen „Libertarian Supper Club" in Los Angeles und der Albert-J.-Nock/H.L.-Mencken-Foren). Aber die Ränge der originalen libertären Cliquen dünnten erheblich aus. Robert LeFevre war 1986 gestorben; Karl Hess verließ uns im Jahre 1994 und Murray Rothbard im Januar 1995. Der Kampf um die Hirne (was davon übrig war) und Herzen der libertären Bewegung hatte somit begonnen.

Der „Neue Isolationismus“ kam zuerst wieder hoch; dann forderte das lang erwartete „Agorist Quarterly“, das theoretische Journal des „Agorist Institute“, J. Friedmans „Critical Review“ heraus und entwickelte die Grundlagen der „Gegenwirtschaft“ und des restlichen Agorismus. Schlussendlich kehrte der „New Libertarian“ zurück, um die Bewegung mit „NL187“ im Dezember 1996 (datiert auf April 1997) wieder auf Kurs zu bringen. Abweichler, Verräter und Kompromissler flohen vor Schreck; die hartgesottenen, unbeugsamen Verteidiger der Freiheit frohlockten, ebenso wie diejenigen, die von dominierenden libertären Publikationen für ihre individualistischen, non-konformistischen Ansichten ausgeschlossen worden waren.

Und sie alle verwandelten sich in .pdf-Dateien, zogen ins weltweite Netz des libertären Cyberspace und lebten glücklich bis ans Ende ihrer Tage ...

Teil 4: Statt eines Schlusswortes

Transkript eines Redeausschnitts: Samuel Konkin über „Was ist ein Libertärer?“ Dagny`s Freedom Festival, Los Angeles, Kalifornien, 1985

„Eine Definition des Libertarismus lautet: Alles, was du willst.

Um 1979 bedeutete der Terminus semizynisch, naja, es gebe zwei Definitionen, zwei Standard-Erklärungen für Libertäre – ungeachtet der Randschen sowie der ganzen anderen Rhetorik, die man so hört.

Die erste Definition eines Libertären lautet: Jeder, der sich selbst als solcher ansieht.

Definition Nummer zwei: Jeder, der mir zustimmt.

Nun werden Sie sicher bemerkt haben, dass jede dieser Definitionen total unterschiedliche Funktionen erfüllt:

Wenn Sie der Welt sagen wollen, wie hardcore sie drauf sind oder wieviele Leute Sie sind, ich meine, dass Sie eine massive Kraft darstellen – und gegen 1969, 1970, in der Post-New-Left-Ära, waren wir natürlich besorgt um die Massen, Indifferenz machte uns keine Sorgen, Masse schon, also wir waren in Sorge, wie wir diese großen Zahlen, diese Massen zusammenbringen könnten, also wählten wir Definition eins: Jeder, der das Wort „Libertärer" benutzte, das wir so gerne an unsere Brust drückten, war natürlich auch einer.

Ich erzählte jemandem vor circa einer Stunde, dass, als Edith Efron das große L-Wort in einem TV-Programmheft benutzte, dem auflagenstärksten in englischer Sprache, wir in Jubel ausbrachen: Wir waren hier, wir waren real, wir existierten, unser Wort erschien nun in einem TV-Programmheft! Ungefähr ein Jahr später sagte der Herausgeber: „Naja, wissen Sie, wir sind ja nicht alle Konservative hier, wir geben anderen Seiten die gleiche Zeit, Liberalen, diesen und jenen, Libertären, Edith Efron ..."

Nun waren wir also eine dritte Kraft, nichts konnte uns aufhalten, wir wurden größer und größer ... nun gut.

Die andere Definition wurde natürlich jedes mal herangezogen, wenn wir nicht miteinander übereinstimmten.

Sobald es also Konflikte oder Meinungsverschiedenheiten gab, kam die zweite Formel ins Spiel: Jeder, der mir zustimmt, ist Libertärer, und jeder, der mir nicht zustimmt, offensichtlich nicht. Solche Leute lesezirkelten wir dann aus der Bewegung oder setzten Bindestriche vor ihre Namen.

Nun haben beide dieser Funktionen ihren Zweck, und das ist Teil des Problems der Politik, ja, jeder Politik, nämlich desjenigen, die Leute im Allgemeinen erreichen und Konzepte auszusäen und beide dieser Dinge auf unserer Seite haben zu wollen: Wir wollen Masse, wir wollen große Zahlen, wir wollen Leute anziehen, die Groupies sein wollen, naja, Sie wissen schon, und so weiter und so fort.

Aber gleichzeitig wollten wir rein sein, hardcore sein, wir wollten da etwas haben, oder, wie eine dieser Comicfiguren sagte, als sie in etwas blickte, das wohl die Tiefen von jemandes Seele darstellen sollte: „Da ist kein da da ..."

Wenn der Libertarismus den ganzen Weg konsequent Richtung Definition Nummer eins geht, was ist er dann? Lassen Sie uns annehmen, wir hätten gewonnen, okay? Jeder auf der Welt nennt sich heute also libertär: Mao tse-Tung, sein Nachfolger Deng Xiao-Ping, wer auch immer ...

Wissen Sie, genau das geschieht hier gerade in Kalifornien, und ich kann Ihnen Fälle zeigen, da Ronald Reagan sich libertär nannte, Jerry Brown auch ... ich meine, wir hatten Präsidenten, in deren Vergangenheit nun das L-Wort herumspukt. Also, wie weit wollen wir gehen? Jeder nennt sich libertär, also ist die Definition erfüllt. Wir haben nun libertäre Faschisten, libertäre Kommunisten, libertäre Massenmörder, libertäre Mansonisten, libertäre Pazifisten – wir haben also gewonnen, richtig?

„Libertär" ist nun überall, und das Wort ist akzeptiert, es gibt also keine Probleme, stimmt's? Libertäre

Regierungsmüllsammler, was auch immer, Hauptsache libertär ...

Natürlich besteht der ultimative Albtraum, den ich in einigen Pamphleten beschrieben habe – für diejenigen unter Ihnen, die sich vielleicht nicht daran erinnern –, aus der Idee eines Libertären, der sich seinen Weg durchs System bahnt, um einen von uns Gegenwirtschaftlern zu verhaften, Sie wissen schon, einen, der tatsächlich Gesetze bricht, weil wir nicht an die Regierung glauben – der stellt uns nun vor einen Libertären, der sich seinen Weg durchs System als Richter bahnt und uns verurteilt, woraufhin uns ein Libertärer, der sich seinen Weg durchs System wurstelt, zum Gefängnis bringt, wo ein Libertärer, der sich seinen Weg durchs System als Schlüsselumdreher sucht, uns gefangen hält; bis uns ein Libertärer, der sich als Gerichts- oder Gefängnispriester durchs System kämpft, zum elektrischen Stuhl führt, wo ein Libertärer, der sich als Scheiterhaufentechniker durchs System arbeitet, sicherstellt, dass der Stuhl auch gut funktioniert und uns ein Libertärer, der sich als Wächter durchs System verdingt, uns auf den Stuhl knallt, woraufhin wiederum ein Libertärer, der als Henker durchs System zu kommen versucht, den Schalter umlegt und die einzige Person auslöscht, die zwar libertär ist, aber nicht den Weg durchs System nimmt – diesen Unterschied versuche ich gerade zu skizzieren ...“

Anmerkungen zum Vorwort zur deutschen Ausgabe 2016

1 Zitiert nach: Jeff Riggenbach, „Samuel Edward Konkin III", 2010, mises.org/library/samuel-edward-konkin-iii: „‚Nearly every action', Sam wrote in the mid-1980s, ‚is regulated, taxed, prohibited, or subsidized'. So ‚everyone is a resister to the extent that he survives in a society where laws control everything and give contradictory orders. All (non-coercive) human action committed in defiance of the State constitutes the Counter-Economy.'"

2 Ich gebrauche hier und im Folgenden die Begriffe politischer Einordnung wie „rechts", „links", „konservativ" und „antiautoritär", wenn nicht ausdrücklich anders gekennzeichnet, in der zur jeweiligen Zeit gebräuchlichen Weise. Speziell zur Geschichte (und dem Niedergang) der „alten (anti-autoritären) Rechten" in den USA vgl. Murray Rothbard, „The Betrayal of the American Right" (1971, 1973, 1991), Auburn 2007.

3 Vgl. z.B. Brian M. Riedl, „Defending the Reagan Deficits", 16. Juni 2004: „Critics of President Reagan's budget deficits should answer one simple question: Would you trade the collapse of communism, your smaller tax burden, some of your income – and possibly your job – in exchange for eliminating that $2.1 trillion in added debt?" (www.heritage.org/research/commentary/2004/06/defending-the-reagan-deficits).

4 Zum 20. Jahrestag des Mauerfalls analysierte der Ethnologe und Afghanistan-Kenner Christian Sigrist 2009: „Die Rede

von der ‚friedlichen Revolution' verwässert und verharmlost den Revolutionsbegriff. Sie unterschlägt, dass der Systemzusammenbruch im Sowjetblock und die Ablösung der SED-Diktatur zu diesem Zeitpunkt nur ermöglicht wurden durch den Widerstand der afghanischen Völker, die bis 1989 mehr als eine Million Tote zu beklagen hatten." In: „Abzug der letzten sowjetischen Truppen aus Afghanistan und Fall der Berliner Mauer", online iley.de, am 22.10.2009.

5 Die höchste Rate haben die Seychellen. In den USA sind fast 700 Personen pro 100.000 Einwohner inhaftiert, in absoluten Zahlen: über zwei Millionen (Stand 2012). Zum Vergleich: In der BRD liegt die Rate unter 100. Voreilige Schlüsse allerdings sollte man sich verkneifen. Die niedrigste Rate hat die Zentralafrikanische Republik mit unter 20, und das ist kein Indikator für eine besonders friedliche Zivilgesellschaft dort.

6 David Stockman, „Der Triumph der Politik: Die Krise der Reagan-Regierung und ihre Auswirkungen auf die Weltwirtschaft", München 1986.

7 Das US-amerikanische Energieministerium beschäftigt heute 16.000 Festangestellte sowie rund 100.000 „Contractors" und verfügt über ein Budget von mehr als 30 Milliarden US-Dollar (Stand 2012).

8 Stockman, S. 92. Diese Bemerkung ist so verstörend, dass ich sie genau umgekehrt in Erinnerung hatte, nämlich dass Stockman den Präsidenten an sein Wahlversprechen erinnert habe.

9 Stockman, S. 125, S. 140.

10 Der „Libertarian International", später in „International Society for Individual Liberty" umbenannt (heute: Liberty International). Von dieser legendären Konferenz, auf der ich Samuel

Edward Konkin III persönlich kennenlernen durfte, werde ich weiter unten noch berichten.

11 Leonard Liggio, „The Resurgence of Classical Liberalism" (Youtube, Channel Libertarianism.org). Ich habe in Erinnerung, dass Liggio sogar behauptet habe, der ehrlich an Staatsabbau interessierte Reagan werde durch seine Berater und hinter seinem Rücken ausgebootet. In dem Video findet sich das nicht. Es kann sich um ein nicht aufgezeichnetes Seitengespräch handeln.

12 Zit. n. Daniel Guerin, „Anarchismus" (1965), Frankfurt/M. 1967, S. 28.

13 „Um das Ziel der Freiheit wirklich zu erreichen, müssen die Libertären nach den effektivsten und schnellsten Methoden suchen, die verfügbar sind. In diesem Geist forderte der klassische Liberale Leonard E. in einer Rede die sofortige und vollständige Abschaffung der Preis- und Lohnkontrollen nach dem Zweiten Weltkrieg: ‚Wenn es einen Knopf an diesem Rednerpult gäbe, mit dem ich alle Lohn- und Preiskontrollen sofort abschalten könnte, würde ich meinen Finger auf ihn legen und drücken!' Der Libertäre sollte also eine Person sein, die den Knopf zur sofortigen Abschaffung aller Eingriffe in die Freiheit drücken würde, wenn er existierte. Er weiß selbstredend auch, dass solch ein magischer Knopf nicht existiert, aber die fundamentale Präferenz formt seine ganze strategische Perspektive." Murray Rothbard, „Für eine neue Freiheit" (1973/78), Band 1, Berlin 2015, S. 153.

14 Sehr deutlich zu sehen auch am sogenannten „Brexit"-Votum im Juni 2016: Für den Brexit votierten 51,9 Prozent der abgegebenen Stimmen bei einer Wahlbeteiligung von 72,2 Prozent. Damit stimmten für den Brexit 37,5 Prozent der Wahlberech-

tigten. Wenn man nicht stiekum voraussetzt, dass die Nichtwähler im gleichen Verhältnis für beziehungsweise gegen den Brexit waren, könnte man keine Mehrheit für den Brexit behaupten.

15 Auch hier gibt es eine Parallele zum „Brexit“. Die Regionen Nordirland und Schottland haben gegen den Brexit votiert. Wenn das Brexit-Votum zu Sezessionen im Vereinigten Königreich führt und gar zur Etablierung eines europaweiten generellen regionalen Rechts auf Sezession, wäre das ein sensationeller Durchbruch. Wenn jeder Landstrich, jede Stadt, jedes Dorf sich vom Staat lossagen kann, wäre es nur noch ein kleiner Schritt zum individuellen Sezessionsrecht.

16 Genau genommen bezeichnet Konkin mit „Agorismus“ das Ziel einer ausschließlich durch freiwillige Kooperation strukturierten Gesellschaft und das strategische Mittel dahin mit „Gegen-Ökonomie“. Inzwischen hat sich der coolere Begriff „Agorismus“ jedoch auch für die Strategie eingebürgert.

17 J. Neil Schulman, „A Fannish Tribute to Samuel Edward Konkin III“, 2004, pulpless.com/sek3/. Phil Osborn, „Speaking for the Dead: In Memory – Sam Konkin, revolutionary man“, 2004, philosborn.joeuser.com/article/8979. Jeff Riggenbach, „Samuel Edward Konkin III“, 2010, mises.org/library/samuel-edward-konkin-iii. Vgl. auch Samuel Edward Konkin III, „History of the Libertarian Movement“, 1999, www.sek3.net/.

18 Ich meine, es sei Tibor Machan (1939-2016) gewesen. Doch seine Teilnahme an dieser Konferenz kann ich nicht verifizieren. John Hospers (1918-2011) jedenfalls hat teilgenommen: John Hospers, From „1776 to 1984“, 1984, libertarianism.org/media/video-collection/john-hospers-1776-1984; und viel-

leicht war es auch er. Die Episode passt zu beiden. – „Minarchismus“ ist übrigens eine Wortschöpfung von SEK3.

19 Gegründet bereits 1775 durch Benjamin Franklin. Die Post der USA beschäftigt heute über eine halbe Million Angestellte (Stand 2012).

20 Veröffentlicht 1966. Deutscher Titel: „Revolte auf Luna“ (München 1969), dann „Der Mond ist eine herbe Geliebte“ (Bergisch Gladbach 1994), aktuelle deutsche Ausgabe: „Mondspuren“ (München 2014).

21 Das Cato Institute wird von den Gebrüdern Koch (Ölindustrie) finanziert, gehört damit zu dem von Konkin so bezeichneten „Kochtopus“. Auch Rothbard brach mit dem Institut, um sich von der Dominanz korporatistischer Interessen zu distanzieren. 2012 hatte dann selbst Ed Crane die Nase voll und sagte: „Who the Hell is Going to Take a Think Tank Seriously If It’s Controlled by Billionaire Oil Guys?“ (in dem Blog slate.com, 10. Dezember 2012).

22 Ich habe keine Video-Aufzeichnung oder Schriftform des Statements von SEK3 gefunden, bin also auf meine Erinnerung angewiesen. Die Diskussion erwähnt SEK3 in seiner „History of the Libertarian Movement“.

23 So jedenfalls fasst SEK3 1999 die Diskussion in seiner „History“ zusammen: „In 1985, at the Libertarian International convention in Oslo, Norway, Crane and Konkin were to debate the validity of the Libertarian Party for libertarians. After SEK3’s demolition job, Crane got up and refused to defend the party, even shaking Konkin’s hand. Alas, Crane was moving rightward. Rothbard, too, lost interest in the Libertarian Party with no one left of consequence to fight over it.“

24 libertarian.co.uk/lapubs/histn/histn001.pdf. Schließlich stark überarbeitet auf Deutsch: Stefan Blankertz, „Die Katastrophe der Befreiung: Faschismus und Demokratie“, Berlin 2015, S. 85ff.

25 Ob in der öffentlichen Diskussion oder während eines informellen Gesprächs, erinnere ich nicht mehr.

26 Auch hier eine Warnung vor zu schneller moralischer Verurteilung: Mahatma Gandhi hat Mussolini und anfangs sogar Hitler als anti-koloniale (anti-britische) Kräfte geschätzt. Vgl. zu Mussolini z.B. Rajmohan Gandhi, „Gandhi: The Man, His People, and the Empire“, Berkeley 2006, S. 340. Zu Hitler: Sankar Ghose, „Mahatma Gandhi“, Neu-Delhi 1991, S. 280: „In June 1940, after Holland, Belgium and even France had fallen, he wrote to the Viceroy [Generalgouverneur und Vizekönig von Indien; 1936-1943: Victor Hope], ‚The manslaughter must be stopped. You are losing. If you persist, it will result in greater bloodshed. Hitler is not a bad man [sic!]. If you will call it off today he will follow suit. If you want to send me to Germany or anywhere else, I am at your disposal.‘“ – Diese Warnung soll Konkins problematisches Statement nicht mit fremder Autorität ausstatten, sondern nachvollziehbarer machen.

27 Auch so eine Unbehagen verursachende Verallgemeinerung.

Hinweise zur Übersetzung des Manifests:

- Es wurde stets versucht, den Originaltext möglichst wortgetreu zu übersetzen. Die von Konkin gerne kreierten Neologismen wurden so passend wie möglich übersetzt. Für die Begriffe „New Libertarianism“ und „New Libertarian“ wurden – analog zur „Neuen Linken“ und den „Neulinken“ – die Begriffe „Neuer Libertarismus“ und „neulibertär“ gewählt. Unterdessen hat sich jedoch, zumindest im englischsprachigen Raum, sowieso „Agorismus“ beziehungsweise „agoristisch“ durchgesetzt.
  Eine kurze Passage, in der Konkin die Mehrdeutigkeit des englischen Begriffs „Counter-Economics“ anspricht, wurde ausgelassen, da sie in der deutschen Übersetzung unnötig ist. Je nach Kontext wurde der Begriff mit „Gegenwirtschaft“ oder mit „Gegenvolkswirtschaftslehre“ übersetzt.
  Es wurde entschieden, dass der Leser, wenn er von Konkin in der englischen Version mit „you“ angesprochen wird, hier mit „Du“ angesprochen werden soll. Es schien zu künstlich, den Leser in einem solchen Manifest mit „Sie“ anzusprechen. Nichtsdestotrotz wird dem Manifest damit auch eine – unvermeidbare – persönliche Note des Übersetzers verliehen.

Anmerkungen:

1 Ich habe diese Einsicht von Robert LeFevre, obwohl wir daraus unterschiedliche Schlüsse ziehen.

2 Danke, Albert J. Nock, für diesen Ausdruck.

3 Der moderne Libertarismus ist von Murray Rothbard in seinem Buch mit dem Titel „Eine neue Freiheit“ am besten erklärt, das, ungeachtet dessen, wie neu die Auflage ist, immer ein Jahr oder mehr veraltet ist. Den besten Text über den Libertarismus empfehlen zu wollen, ist, als ob man ein Lied empfehlen müsste, das die Musik in all ihren Formen erklären sollte.

4 Danke, Ludwig von Mises.

5 Radical Libertarian Alliance, 1968-71.

6 Student Libertarian Action Movement, 1968-1972, später für kurze Zeit wiederbelebt als eine Protobewegung der Libertären Linken.

7 Citizens for a Restructured Republic, 1972, bestand aus Mitgliedern der RLA, die vom Konzept der Revolution ernüchtert waren.

8 Society for Individual Liberty 1969-89. Auch, Rampart College (nicht mehr bestehend) und die Foundation for Economic Education and Free Enterprise Institute, alle diese existierten vor der Explosion der libertären Bevölkerung 1969.

9 Am bedeutendsten die California Libertarian Alliance, 1969-73. Der Name wird für Sponsoring und Konferenzen in Großbritannien noch immer am Leben gehalten.

10 Die erste „Libertäre“ Partei wurde von Gabriel Aguilar und Ed Butler in Kalifornien im Jahr 1970 als leere Hülse und zum

Zwecke des Zugangs zu den Medien gegründet. (Aguilar, ein Galambosier, war standhaft antipolitisch.) Sogar Nolans „Libertäre“ Partei wurde in ihrem ersten Jahr von Leuten wie Murray Rothbard verspottet und verhöhnt.

11 Die „Libertäre“ Partei, die schlussendlich von Jon Hospers und Toni Nathan als Präsident und Vizepräsident 1972 landesweit organisiert wurde, wurde zuerst von David und Susan Nolan im Dezember 1972 in Colorado organisiert. D. Nolan war ursprünglich Mitglied der Young Americans for Freedom in Massachusetts und hat sich 1967 von diesen entfernt und somit ihren Höhepunk in St. Louis 1969 verpasst. Er blieb ein Konservativer und Minarchist bis zu dieser ersten Edition.

Obwohl die Nolans, genauso wie andere frühe Organisationen und Kandidaten, ziemlich unschuldig waren, begann unverzüglich die Debatte um „die Parteifrage“. In den „New Libertarian Notes“ wurde das Konzept der „L“P im Frühling 1972 kritisiert, und kurz vor den Wahlen wurde eine Diskussion zwischen Nolan und Konkin geführt (NLN 15).

Bei der Präsidentschaftskampagne 1980 trennten sich die Nolans von der „L“P-Führung um Ed Crane und seinen Kandidaten Ed Clark, der eine aufwendige und kostenintensive Kampagne führte, deren traditionelles Ziel es war, möglichst viele Stimmen zu gewinnen, wofür das Parteiprogramm stark angepasst wurde.

12 Charles G. Koch – ein Erdölmilliardär aus Wichita – kaufte oder errichtete durch seine Angehörigen, Stiftungen, Institute und Zentren zwischen 1976 und 1979 folgendes: Murray Rothbard und sein Libertarian Forum; die „Libertarian Review“ (von Robert Kephart), herausgegeben von Roy A. Childs; Students for a Libertarian Society (SLS), geleitet von

Milton Mueller; Center for Libertarian Studies (mit Neigung zu Rothbard) und Joe Peden; „Inquiry", herausgegeben von Williamson Evers; das Cato Institute; und verschiedene Koch-Fonds, Stiftungen und Institute. Der „Kochtopus", wie er im „New Libertarian" 1 (Februar 1978) genannt wurde, wurde in gedruckter Form zum ersten Mal von Edith Efron in der konservativ-libertären Publikation „Reason" attackiert, zusammen mit Anschuldigungen einer „anarchistischen" Verschwörung. Die Bewegung der Libertären Linken distanzierte sich von Efrons antianarchistischen Rasereien und stürzte sich darauf, sie und ihre Schlüsseloffenbarung betreffend das Wachstum des Monozentrismus in der Bewegung zu unterstützen.

13 Murray Rothbard entfernte sich bald nach dem Kongress der Libertarian Party 1979 vom Kochtopus, und ein Großteil seiner engen Alliierten wurde eliminiert, zum Beispiel Williamson Evers von der „Inquiry". CLS wurde von Koch nicht mehr länger finanziert. Das Libertarian Forum begann Koch zu attackieren. Rothbard und der junge Justin Raimondo bildeten einen neuen „radikalen" Ausschuss der LP (der erste, 1972-74, wurde von Vorläufern der NLA als eine Rekrutierungstaktik und zur Zerstörung der Partei von innen geleitet). Obwohl Rothbard in seiner Rede an den radikalen Ausschuss in Orange County im Juli 1980 fragen musste: „Hat Sam Konkin recht?", ist es trotzdem die Strategie des Ausschusses, die LP mit Hilfe von neulinken und neomarxistischen Taktiken zu reformieren.

14 Ich hoffe, dass nachfolgende Auflagen diese Anmerkung auslassen können, aber im momentanen historischen Kontext ist es entscheidend, dass der Libertarismus nicht speziell für die „fortgeschrittensten" oder für die aufgeklärtesten Elemente Nordamerikas ist, vielleicht typisiert durch junge, weiße, be-

lesene Informatikberater, gleichsam feministische Partner (mit 0,5 Kindern).

Nur der freieste Markt kann die „Zweite“ und „Dritte Welt“ aus knirschender Armut und selbstzerstörerischem Aberglauben herausheben. Zwangsmäßige Versuche, Produktionsstandards bedeutend zu heben, und damit verbundenes kulturelles Verständnis haben für Rückschläge und Regression gesorgt: zum Beispiel Iran und Afghanistan. Der Staat hat sich vor allem mit bewusster Unterdrückung der Selbsthilfe beschäftigt.

Quasifreie Märkte wie die Freihäfen von Hongkong, Singapur und (früher) Shanghai haben Fluten von sozial aufsteigenden, hochmotivierten Unternehmern angelockt. Der unglaublich hoch entwickelte Schwarzmarkt von Burma bestimmt schon jetzt die gesamte Wirtschaft und benötigt nur ein libertäres Bewusstsein, um Ne Win und die Armee zu vertreiben, und einen beschleunigten Handel, um die Armut fast über Nacht auszulöschen.

Ähnliche Beobachtungen lassen sich bei entwickelten Schwarzmärkten und tolerierten halbfreien Märkten in der „Zweiten Welt“ der Sowjetbesetzungen in Armenien, Georgien und der russischen Gegenwirtschaft (Nalevo) machen.

Anmerkung zur zweiten Edition: Die obige Anmerkung ist leider noch immer nötig. Anmerkung zur dritten Edition: Mit dem Kollaps des Kommunismus nimmt der Bedarf möglicherweise ab, aber die Anmerkung ist trotzdem noch hier!

15 Um die soweit Spektakulärsten zu zitieren:

Murray Rothbard wird jede politische Strategie benutzen, um den Libertarismus zu fördern und um auf immer radikalere zurückzufallen, wenn die vorher versuchte scheitert. Robert LeFevre tritt für die Reinheit des Denkens und der Tat bei jedem Einzelnen ein, was dieser Autor und viele andere inspirierend finden. Jedoch hält er sich davor zurück, die komplette Taktik zu beschreiben, die von diesen persönlichen Taktiken resultiert, zum Teil aus Angst, dass ihm vorgeworfen werden könnte, dass er sowohl verschreibt als auch beschreibt. Dieser Autor hat keine solcher Ängste.

LeFevres Pazifismus verwässert auch die Anziehungskraft seiner libertären Taktiken, vermutlich mehr, als sie es verdient haben. Andrew J. Galambos tritt für eine ziemlich gegenwirtschaftliche Position ein (siehe nächstes Kapitel), vertreibt jedoch eindeutig Rekruten mit seiner Antibewegungseinstellung und seiner Taktik der „Geheimgesellschaftsorganisation". Sein Abweichlertum des „Primäreigentums" lenkt, wie LeFevres Pazifismus, mehr vom Rest seiner Theorie ab, als gerechtfertigt ist.

Harry Brownes „How I Found Freedom In An Unfree World" ist ein ungeheuer populärer Ratgeber für die persönliche Befreiung. Inspiriert von Rothbard, LeFevre und Galambos formuliert Brown die wirksamen Taktiken für den Einzelnen ziemlich korrekt, wenn auch oberflächlich, um in einer etatistischen Gesellschaft zu überleben und erfolgreich zu sein. Er besitzt aber keine Gesamtstrategie, und seine Techniken würden in einem gegenwirtschaftlichen System, das sich der freien Gesellschaft annähert, scheitern.

Eine Abweichung ohne besonderen Sprecher, die jedoch größtenteils mit der Libertarian Connection verbunden ist, ist die Idee, Freiheit zu erlangen, indem man den Staat mit Technologie überlistet. Dies scheint im modernen Fall des amerikanischen Staates, der das explosionsartige Wachstum der Informationsindustrie nicht zu regulieren vermag, eine einleuchtende Gültigkeit zu haben. Jedoch verfehlt es, die Raffinesse derer einzuberechnen, die den Staat aufrechterhalten werden, solange die Leute ihn verlangen.

16 Wenn unser Verständnis zunimmt, dann kann man annehmen, dass wir eine freiere Gesellschaft erlangen können.

17 In „Die große Explosion" postuliert der SF-Schriftsteller Eric Frank Russell eine Gesellschaft, die nahe an der ist, die sich LeFevre vorgestellt hat. Die pazifistischen Gands hatten einen Bestrafungsmechanismus für gelegentlich abweichende Einzelpersonen – die Fälle des „faulen Hans". Leider würde dieses Ausweichen in dem Moment scheitern, wenn die Nötiger eine „kritische Anzahl" erreicht haben, um sich zu einer unterstützenden, selbstversorgenden Subgesellschaft zu formieren. Dass sie dies tun können, ist offensichtlich – sie haben es getan!

18 Der Mises-Rothbard-Standpunkt ist, dass Betrug und das Unterlassen der Erfüllung eines Vertrags (das letztere kann natürlich in Klauseln innerhalb des Vertrags behandelt werden) schon Diebstahl sind: von zukünftigen Gütern. Die Basis des Vertrags ist der Tausch von gegenwärtigen Gütern (Berücksichtigung von hier und jetzt) für zukünftige Güter (Berücksichtigung von dort und dann).

Jeder Diebstahl ist Gewaltinitiation, entweder die Anwendung von Gewalt, um Eigentum unfreiwillig wegzunehmen, oder die Verhinderung des Empfangs von Gütern oder der Bezahlung für Güter, die durch ein Abkommen frei übergeben wurden.

19 Mises legt dar, dass die Gesellschaft aufgrund der Vorteile der Arbeitsteilung existiert. Indem sie sich für verschiedene Produktionsschritte spezialisieren, erkennen die Einzelpersonen,

dass so der gesamte produzierte Reichtum größer ist als der durch ihre individuellen Leistungen produzierte.

20 Hier müssen wir das Konzept der Zeitpräferenz von Mises einführen. Zukünftige Güter werden aufgrund der vorherbestimmten Gebrauchszeit immer relativ zu den momentanen Gütern abgerechnet. Während die individuellen Zeitpräferenzwerte variieren, können jene mit hoher Zeitpräferenz von jenen mit niedriger Zeitpräferenz ausborgen, da die mit hoher Zeitpräferenz jenen mit niedriger Zeitpräferenz mehr zahlen als den Wert, den diese aufgegeben haben. Der Punkt, an dem sich all diese Transaktionen der Zeitpräferenz auf dem freien Markt ausgleichen, definiert alle grundlegenden oder ursprünglichen Zinsraten für alle Darlehen und Kapitalinvestitionen.

21 Murray Rothbard hält hier den moderatesten Standpunkt inne: Er vertritt doppelte Restauration; das heißt, der Aggressor muss den Zustand des Opfers nicht nur zum vorherigen schadenfreien zurücksetzen (soweit das möglich ist), sondern muss selber ein Opfer nach gleichem Betrag werden! Diese Verdoppelung scheint nicht nur willkürlich, Rothbard liefert auch nirgends die moralische Basis für Bestrafung, ganz zu schweigen vom „moralischen Kalkül" (à la Bentham).

Andere sind viel schlimmer, indem sie noch größere Plünderung des festgenommenen Aggressors fordern, womit wahrscheinlich wird, dass sich nur der gröbste Idiot, der sich einmalig geirrt hat, stellt, und eher versuchen würde, dass es für seine Verfolger teuer wird. Viele Neorandianer würden ein Kind erschießen, das eine Süßigkeit entwendet (Garry Greenberg, zum Beispiel); andere würden Jugendliche an ihre Betten ketten, um triviale unerlaubte Handlungen abzuarbeiten.

Dabei ist dies nur die Spitze des Horrors. Eine noch grö-

ßere Travestie wird von jenen vorgeschlagen, die den Gewaltinitiator nicht zurückzahlen lassen oder mild bestrafen, sondern rehabilitieren wollen. Während einige Aufgeklärtere unter diesen Rehabilitierern gemeinschaftliches Abarbeiten der Restaurationsschuld akzeptieren würden, würden sie dem Opfer die Delegation des Rechts auf Selbstverteidigung (die Basis aller rechtlichen Handlungen) absprechen, um den nun hilflosen festgenommenen Aggressor einzusperren und ihn einer Gehirnwäsche zu unterziehen.
Da sie mit der Bestrafung der Person, der Geißelung des Körpers und vielleicht sogar der Barmherzigkeit der grausamen physischen Folter nicht zufrieden sind, streben die Rehabilitierer die Zerstörung der Werte und Motivation, das heißt, die Vernichtung des Ichs an. In einer blumigeren aber wohlverdienten Sprache ausgedrückt wollen sie die Seele des gefassten Aggressors verschlingen!

22 Sollte die Telepathie je entdeckt und praktisch nutzbar werden, könnte man zumindest das Motiv und die Absicht untersuchen; die einzige Anwendung in einem agoristischen System wäre trotzdem nur bei Gnadengesuchen – Gnade zu weiteren Unkosten für das Opfer. Diese Fußnote ist auch für den folgenden Paragraphen relevant, weshalb sie zweimal gekennzeichnet ist.

23 Wo die „Bestrafung" angefangen hat, ist eine gute Frage. Das Konzept ist nur auf Sklaven anwendbar, die nichts zu verlieren haben außer das Ausbleiben von Schmerz, auf die äußerst Wertlosen, wenn solche existieren, und auf sehr kleine Kinder, die unfähig sind, Restaurationszahlungen zu machen, und als zu wenig verantwortungsvoll erachtet werden, um Schuld zu übernehmen. Eine primitive Wirtschaft hätte natürlich viel zu viele Probleme mit Rationalität und Technologie, um eine ver-

trauenswürdige Aufdeckung und Wertmessung vorzunehmen. Einige primitive Gesellschaften wie die Iren, die Isländer und die Ibos führten trotzdem Systeme zur Rückzahlung ein, um die Rache zu verbessern – und entwickelten sich unverzüglich zu Quasianarchien.

24 „Mikro" und „makro" sind Begriffe der heutigen Establishment-Volkswirtschaftslehre. Während die Gegenwirtschaft ein Teil des Agorismus ist (bis der Staat verschwunden ist), beinhaltet der Agorismus sowohl die Gegenwirtschaft in der Praxis und den Libertarismus in der Theorie. Da diese Theorie ein Bewusstsein der Konsequenzen von groß angelegter Gegenwirtschaft in der Praxis beinhaltet, werde ich „agoristisch" im Makrosinn und „gegenwirtschaftlich" im Mikrosinn benutzen. Da die Unterscheidung in sich selber verschwommen ist, werden ein gewisses Übergreifen und eine gewisse Auswechselbarkeit eintreten.

25 Der Begriff „Gegenwirtschaft" entstand im gleichen Sinn wie der Begriff „Gegenkultur"; damit ist nicht mehr Antiwirtschaft gemeint, als mit „Gegenkultur" Antikultur gemeint war.

26 Dieser Band, „Gegenvolkswirtschaftslehre" (das Buch), wurde begonnen und sollte 1981 fertig werden, um 1982 auf dem einen oder anderen Weg veröffentlicht zu werden, so wie es der Markt will!

Bemerkung zur vierten Auflage: SEK3 starb, bevor er sein opus magnum vollenden konnte, aber KoPubCo ist momentan daran, jene Teile, die von seinem Manuskript existieren, für die Publikation in naher Zukunft vorzubereiten.

27 Diese Klasse wurde in der Vergangenheit „herrschende Klasse", „Machtelite" oder „Verschwörung" genannt, je nachdem, ob die Analyse einen marxistischen, liberalen oder einen

Bircher-Hintergrund hatte. Die Begriffe werden abwechselnd gebraucht, um die Gemeinsamkeit der Bezeichnungen aufzuzeigen.

28 Während einigen nötigenden Handlungen wie Mord und Diebstahl oftmals das Etikett „Schwarzmarkt“ zugewiesen wird, ist die große Mehrheit des „organisierten Verbrechens“ vollkommen legitim für einen Libertären, manchmal jedoch unschmackhaft. Die Mafia ist zum Beispiel kein Schwarzmarkt, sondern funktioniert als Regierung über einige Teile des Schwarzmarkts, indem sie Schutzgeld (Steuern) von ihren Opfern einsammelt und ihre Kontrolle durch Exekutionen und Prügel durchsetzt (Strafverfolgung), und sogar Kriege führt, wenn ihr Monopol gefährdet ist. Diese Handlungen werden hier als roter Markt betrachtet, um sie von den moralischen Handlungen des Schwarzmarktes, wie er im Weiteren diskutiert wird, zu differenzieren. Kurz gesagt ist der „Schwarzmarkt“ alles Gewaltlose, was vom Staat verboten wird und trotzdem ausgeführt wird.

Mit dem „grauen Markt“ werden hier jene Taten gemeint, bei denen mit Gütern und Diensten gehandelt wird, die selber nicht illegal sind, aber auf illegale Weise beschafft oder verteilt werden. Ein großer Teil von dem, das „Wirtschaftskriminalität“ genannt wird, fällt unter diese Kategorie und wird von einem großen Teil der Gesellschaft belächelt.

Wo man den Schnitt zwischen schwarzem und grauem Markt macht, beruht größtenteils auf dem Bewusstseinszustand, in dem sich die Gesellschaft befindet. Der rote Markt ist klar abtrennbar. Mord fällt in die Kategorie des roten Markts; sich gegen einen Kriminellen – inklusive eines Polizisten – zu verteidigen (wenn der Staat Selbstverteidigung verbietet) fällt in die schwarze Kategorie in New York City und in die graue in Orange County.

29 Somit würde eine „Libertäre“ Partei den Etatismus fortbestehen lassen. Ferner würde eine „Libertäre“ Partei alle unrechtmäßig erworbenen Gewinne der herrschenden Klasse beibehalten und die Vollstreckung und Ausführung des Staates aufrechterhalten.

30 Danke, Ayn Rand, für diesen Satz.

31 Obwohl dieses Thema in der libertären Literatur ausführlich behandelt ist, kennen viele trotzdem noch immer nicht die wahre Natur des Mechanismus der Inflation.

Kurz gesagt: Ein Preisanstieg ist nur die Konsequenz der Inflation, die eine Erhöhung der Geldzufuhr ist. Viel schädlicher sind die Umverteilung von Reichtum und ihre Nebeneffekte, die die Wirtschaft durcheinander bringen. Der Staat „kreiert“ Geld, das an die erste Reihe von Nutznießern – große Bankiers, um ihre Auftraggeber in der Kriegsführung und dem Sozialwesen zu bezahlen – und an den öffentlichen Dienst, die zweite Reihe von Nutznießern, umverteilt wird. Indem diese die Preise mit dieser ungestützten Kaufkraft nach oben schnellen lassen, erkennen alle anderen, dass sie nicht mehr imstande sind, soviel wie zuvor zu kaufen.

Die unerwartete Preiszunahme (die vorhergesehene Inflation wird vom Markt abgerechnet) signalisiert den Unternehmern, in Kapitalgüter für anwachsende Nachfrage zu investieren. Wenn der Konsum aufgrund der generell sinkenden Kaufkraft reduziert wird, erkennen diese Unternehmer, dass sie überinvestiert haben, und müssen mit Verlust verkaufen, Arbeitnehmer entlassen und Kapital liquidieren – eine Depression ist das Resultat. Der Staat wird vom Geschrei der arbeitslosen Arbeiter und fast bankrotten Kapitalisten oftmals dazu angetrieben, die Währungszufuhr erneut zu erhöhen, um die Wirtschaft „anzukurbeln“; das heißt, um einen erneuten illusorischen Boom zu erzeugen. Unglücklicherweise muss erwartet werden, dass diese neue Injektion der Inflation erneut nicht funktioniert; somit muss sich eine noch stärkere Inflation ergeben. Der Zyklus, wenn er fortbesteht, würde zu einer Flucht-Inflation (Deutschland im Jahr 1923 ist ein klassisches Beispiel) und dem Zusammenbruch der Währung führen („Crack-Up Boom“ ist Mises’ erläuternder Ausdruck).

Vorgeblich freimarktwirtschaftliche Ökonomen drängen den Staat dazu, die „bittere Pille der Depression zu nehmen“ (wie der Süchtige, der „abrupten Drogenentzug“ machen muss, damit er sich keine Überdosis gibt), um die Effekte der Geldinjektion auszuarbeiten und das System zu heilen. Es kann leicht erkannt werden, dass dies stark konservativ ist, da dadurch der Etatismus aufrechterhalten wird.

Eine viel bessere Lösung wäre es, wenn die Leute das staatliche deckungslose Papiergeld zugunsten von Wechselmedien aufgeben würden, die von der Gefahr der staatlichen Inflation nicht betroffen sind, wie zum Beispiel Gold, Silber, Güter oder besser gedeckte fremde Währungen, um den Zusammenbruch zu beschleunigen.

32 Ein Beispiel, das erklärt, wie das funktioniert, könnte hilfreich sein. Nehmen wir an, dass ich eine Schmuggelware empfangen und verkaufen oder eine Steuer umgehen oder eine Regulierung missachten möchte. Nehmen wir an, dass ich pro Transaktion 100.000 Dollar verdienen könnte.

Indem ich Regierungszahlen betreffend die Aufdeckungswahrscheinlichkeit benutze und diese stets zugunsten des Staates übertreibe, da dieser schlicht nicht wissen kann, mit wie viel wir davongekommen sind, finde ich eine Aufdeckungswahrscheinlichkeitsrate von 20 Prozent. Man kann dann die Prozentzahl jener Fälle herausfinden, die vor Gericht kommen, und die Prozentzahl jener, bei denen es trotz eines guten Anwalts zu einer Verurteilung kommt. Nehmen wir an, dass es 25 Prozent vor Gericht schaffen und es in 50 Prozent der Fälle zu einer Verurteilung kommt. (Letztere Zahl ist hoch, aber wir geben die involvierten Gerichtsgebühren dazu, damit sogar eine Entscheidung, die einen Verlust der Gerichtskosten involviert, aber ein Freispruch ist, noch immer ein „Verlust“ ist.) Somit übernehme ich ein Risiko von 2,5 Prozent (0,20 x 0,25 x 0,50 = 0,025). Dies ist für die meisten echten Fälle hoch.

Nehmen wir an, dass meine maximale Strafe 500.000 Dollar oder fünf Jahre Gefängnis – oder beides – ist. Exklusive meiner gegenwirtschaftlichen Transaktionen (man kann sie sicherlich nicht zählen, wenn man darüber entscheidet, ob man sie tätigt oder nicht) könnte ich 20.000 Dollar pro Jahr verdienen, damit ich weitere 100.000 Dollar verlieren könnte. Es ist sehr schwierig, fünf Jahren Einkerkerung einen Wert zuzuschreiben, aber zumindest in unserer momentanen Gesellschaft ist es nicht viel schlimmer als andere Institutionalisierung (Schule, Armee, Spital), und die Gegenwirtschaftler werden wenigstens nicht mit Schuld oder Reue geplagt.

Somit wäge ich einen Verlust von 2.5 Prozent von 600.000 Dollar oder 15.000 Dollar und fünf Jahre gegen einen Gewinn von 100.000 Dollar ab! Und ich könnte mich leicht für 14.000 Dollar (oder weniger) versichern, um alle Kosten und Strafen zu bezahlen! Kurz, es funktioniert.

33 Es sollte möglicherweise explizit bemerkt werden, dass Unter-

nehmen in der Gegenwirtschaft ziemlich groß werden könnten. Ob „Lohnarbeiter“ anstelle von „unabhängigen Auftragnehmern“ für alle Produktionsschritte existieren würden oder nicht, ist diskutabel, aber dieser Autor empfindet das ganze „Arbeiter-Boss-Konzept“ als ein Überbleibsel des Feudalismus und nicht, wie Marx behauptet, etwas Fundamentales des „Kapitalismus“. Natürlich ist jedoch der Kapitaletatismus das Gegenteil von dem, wofür der Libertäre eintritt.

Ferner könnten heute sogar große Unternehmen teilweise gegenwirtschaftlich werden und einen Teil im „weißen Markt“ lassen, um die Regierungsbeauftragten zu befriedigen, einen kleinen Teil an Steuern zahlen und eine kleine Nummer an Angestellten melden. Der Rest des Betriebs würde (und tut es oftmals schon) ohne Bilanzführung expandieren, mit unabhängigen Auftragnehmern, die das fertige Produkt liefern, betreuen und vertreiben. Niemand, kein Unternehmen, kein Arbeiter und kein Unternehmer muss im weißen Markt sein.

34 Viele Agoristen, wie zum Beispiel Pyro Egon, haben die neuen Libertären in diesem Punkt hinterfragt. Soweit sie sich damit beschäftigt haben, haben sie gesagt, dass das Manifest soweit das ganze Programm darstelle und jeder weitere „Aktivismus“ „Bewegungismus“ sei, der einen unvermeidlich zurück zum Etatismus führe.

35 Nicht zufälligerweise heißt der Newsletter der Bewegung der Libertären Linken „New Libertarian Strategy“.

36 Aber nicht eine „Korporation,“ die eine fiktive „Einzelperson“ darstellt, vom Staat kreiert ist und mit Privilegien ausgestattet wird. Einige Privilegien neben Subventionen und Tarifen sind spezielle Steuersätze, limitierte Haftbarkeit, Ausschluss aus der Regulierung, Lizenzen und rechtliche Vorteile in Gerichts-

verfahren. Es stimmt, dass sie einige Nachteile haben, aber diese sind nicht vergleichbar mit jenen eines nicht eingetragenen Unternehmens im weißen Markt.

37 Die erste Neue Libertäre Allianz wurde von diesem Autor von Rekruten von einem Überfall auf die „Libertäre" Partei, von Aktivisten anderer Bewegungen und einigen Gegenwirtschaftlern 1974, in vieler Hinsicht vorzeitig, gebildet. Da sich der Markt noch nicht als bereit für ein Wachstum in diesem Gebiet erwies, hat die NLA bis jetzt einen Großteil ihrer Energie dafür aufgewendet, einen solchen Markt zu errichten.

Jede Gruppe von neuen Libertären kann sich ohne „offizielle Autorisation" „Neulibertäre Allianz" nennen; die meisten werden sich sicherlich mit anderen NLA-Gruppen koordinieren und versuchen wollen, eine gemeinsame Strategie zu vereinbaren, obwohl sich die Taktiken zwischen den verschiedenen Voraussetzungen der Verbündeten unterscheiden können.

38 Diese Betriebsart der NLA-Organisation funktionierte für den Long-Beach-Ortsverband gut, und sie wurde angewendet. Die regionale Strategie wurde in der Praxis nicht vollkommen „ausgequetscht", aber keine andere NLA-Gruppe hielt einen solch hohen Grad an engagierten Verbündeten aufrecht, die diese Theorie stets entwickelten und ausübten.

Was Armeen betrifft, sollte bemerkt werden, dass Nestor Machno eine Armee auf eine ziemlich anarchistische Weise führte, mit einem kleinen Kern an Offizieren und vollkommen freiwilligen Soldaten, die die Stellung ausfüllten, wenn sie gebraucht wurden oder vom Bedürfnis überzeugt wurden. Er kämpfte von 1918 bis 1920 in der Ukraine erfolgreich gegen die Roten und die Weißen, bis er von der hohen Anzahl von siegreichen roten Etatisten überwältigt wurde, die alle Ressourcen eines Kontinents gegen ihn kombinierten.

39 Für die NLA sind keine Mitgliedschaft oder Zeugnisse nötig oder erwünscht. Natürlich kann man eine Liste von jenen machen, mit denen man sich versammeln und mit denen man planen will, und denen man Mitteilungen schicken will. Aber diese Listen haben nichts Heiliges oder Spezielles an sich; sie sind lediglich das Urteil eines Strategen oder Taktikers.

Man kann nicht von der NLA abgeführt werden. Jemand ist gemäß den Beweisen, die von seinen Handlungen geliefert werden, entweder ein Neulibertärer oder nicht. Alle, die Dich als neuen Libertären akzeptieren, sind in Allianz mit Dir; jene, die Dich ablehnen, sind es nicht, obwohl Du in Allianz mit anderen sein kannst.

40 Ein verfrühtes Auftreten von agoristischen Gesellschaften wird zu ihrer gewaltsamen Unterdrückung durch den Staat führen. Die NLA muss jene beschützen, die gerettet werden können, wenn die historischen Umstände unbedeutend sind, und jene warnen und evakuieren, die verdammt sind.

41 Es ist innerhalb der Grenzen der neuen Libertären Moral, eine Fraktion der Höheren Kreise darauf hinzuweisen, dass die Existenz der Agoristen ihnen mehr bringt als der anderen Fraktion. Während keinem Etatisten darin geholfen werden kann, zu plündern und zu morden, und selbst eine Allianz mit einem Etatisten gegen einen anderen knappe Ressourcen für das Ergebnis verbraucht, dass lediglich die Unterdrücker getauscht werden, kann der neue Libertäre erkennen, dass der Agorist lediglich durch seine Existenz und durch sein normales Geschäft einen größeren Schaden für eine Gruppe von Etatisten als für eine andere darstellt.

Als gute Faustregel für die Taktik des Ausspielens verschiedener herrschender Gruppen gilt, dass sichergestellt wird, dass dafür nicht mehr Ressourcen verbraucht werden als für zusätzliche Erklärungen in regelmäßigen Publikationen und für die Medienpräsenz für wichtigere Arbeit...und private Konversationen, wenn man in solchen sozialen Zirkeln verkehrt.

Diese Taktik wird fehlschlagen, wenn die agoristische Gesellschaft als zu gefährlich wahrgenommen wird; dann werden sich alle etatistischen Fraktionen vereinen, um ihre Haut zu retten.

42 Nehmen wir an, dass eine Region höchst agoristisch und der Rest eher primitiv ist. Der Staat kann Ressourcen transferieren, um diese verfrühte und örtlich begrenzte (somit verwundbare) Agora zu zerschlagen. Dies trifft auf Phase 2 noch stärker zu.

43 Einige werden sagen, dass der Staat friedlich kollabiert, wenn die Etatisten sehen, dass das Ende nahe ist. Wenn Etatisten so vernünftig wären und aufgrund der Marktalternativen nicht den Ausweg der Gewalt nehmen würden, wären sie keine Etatisten. Die Revolution ist so unausweichlich, wie jede menschliche Handlung nur sein kann.

44 Zum Beispiel „Alongside Night“ von J. Neil Schulman (Crown, 1979, Ace 1982) und erwartete Nachfolger.

45 Die Linke war ursprünglich protolibertär, wie revisionistische Historiker wie Leonard Liggio darlegen. In der französischen Versammlung saß der Freimarktler Frédéric Bastiat neben dem Anarchisten Pierre-Joseph Proudhon. Sogar heute nennen Marxisten Anarchisten „Ultralinke“. Die libertären und marxistischen Elemente hielten sich am Ende der Ersten Internationalen etwa die Waage. Die Marxisten und ihre verräterischen Imitatoren befanden sich seit den 1890ern in der

Vorherrschaft und verloren schlussendlich den Glauben an sich selber, als die Neue Linke kollabierte, nach der Invasion in die Tschechoslowakei und in Afghanistan durch die UdSSR und in Vietnam durch China – den „unmöglichen“ Krieg zwischen zwei marxistischen Staaten.

46 Momentan „L“P„R“C bzw. SLS.

47 Die „Rechte“ des heutigen Libertarismus ist ziemlich prinzipientreu, aber viele der Prinzipien, zu denen gehalten wird, sind Antiprinzipien: Gradualismus, Konservatismus, Reformismus und Minarchie. Das Magazin „Reason“ und seine „Frontline Newsletter“ sind ihre Hauptorgane. Die „Mitte“ beinhaltet Murray Rothbard und seine Gefolgschaft, die sich jetzt in der LP als „radikaler“ Ausschuss organisiert haben, der Clark „kritisch“ unterstützt, das heißt extern, aber nicht intern. Rothbards Mitte hat sich in die Richtung der Linken bewegt, indem sie sich vom Monozentrismus abgewendet hat.

48 Wie schon erwähnt Murray Rothbard; der Council Director der Südkalifornischen Partei, Dyanne Petersen, weitere, die diesen Autor über ihren sofortigen Treuebruch informiert haben, falls noch mehr Verrat passieren sollte. Das wird es.
Spezielle Anmerkung zur zweiten Auflage: Es passierte.
Ein beständiges Rinnsal von LP-Treuebrüchen hat seither stetig zu den Rängen der BLL beigetragen. Zumindest eine neue linkslibertäre Gruppe, die der Voluntaristen, ist aufgekommen, um mit den Ex-Parteiarchen zu konkurrieren. Und Murray Rothbard organisiert momentan einen letzten Showdown um die Kontrolle über die LP gegen den Überrest des Kochtopus bei den LP-Nominierungsparteitagen, die im September 1983 in New York City abgehalten werden. Spezielle Anmerkung zur dritten Auflage: Sie besteht bis zum heutigen Tag.

Die LP fährt damit fort, idealistische junge Radikale zu kooptieren, ihren Enthusiasmus auszusaugen, sie zu desillusionieren und ihnen entweder pessimistische Apathie einzubleuen oder sie – radikalisiert und durch ihre Enttäuschung von neuem motiviert – in die sie begrüßenden Arme des Agorismus auszuliefern.

eigentüm

Eigentum

und Recht

und Freiheit

lich frei